사랑과
두려움에
대하여

about love and fear

◇

사랑과
두려움에
대하여

about love and fear

송재은

임시보관소

◇

'두려운 것들이 쏟아지는 12월 31일'

 쓰고, 임시저장 했습니다. 종종 인스타그램을 켜 사진을 고르고 짤막한 문장들을 씁니다. 게시물로 공개하지는 않고요. 제 삶에는 메모장에 쓰고 싶은 것이 있고, 그것으로 충분함에도 불구하고 타인의 존재를 느끼며 비공개로 남겨두고 싶은 것이 있습니다. 아주 얇은 벽이 주는 안정과 해방을 느끼고 싶을 때가 있습니다. 보여줄 수 있는 것은 따로 있고, 영영 밖으로 나가지 못하는 이야기가 쌓입니다. 어떤 이야기는 말할 수 없는 것의 모음이기도 합니다. 당신에게 결코 들려줄 수 없는.

친구는 언젠가 사랑에 빠지는 계기를 연민이라 말했습니다. 어느 모로든 열심으로 애쓰는 사람에게선 생의 아름다움이 느껴집니다. 집중한 그의 흘러내리는 머리칼을 쓸어 넘겨주고 싶고, 불편해 보이는 옷소매를 접어주고 싶다는 생각. 진심에는 늘 애처로운 구석이 있고, 그 노력을 보면 잠시 품에 안아 멈춰 세우고 쉴 곳이 되어주고 싶어지는 것 같습니다. 연민은 본래 사랑이 아니지만, 곧 사랑이 될 수는 있겠지요. 결국 우리는 삶을 힘껏 껴안으려는 사람을 사랑해 오지 않았나요. 그러지 못하는 나를 미워하지 않았나요.

누군가를 떠올리며 느끼는 사랑과 필요는 자주 두렵고, 나를 얼마나 방어적으로 조심스럽게 만들어 왔는지. 붉어지는 마음이 왜 그래서 두려운지, 결국 얼마나 오만하게 자신을 속이며 사랑과 필요를 영영 얻지 못하게 되었는지 잘 알기에, 눈시울이 붉어지도록 뜨거운 사람을 보면 끌어안을 수밖에 없습니다.

여전히 달라지지 못해서 두려운 것들이 쏟아지는 한 해의 끝에 서서,

나의 두려움과 사랑을 담아 보냅니다.

2024,
재은.

차례

1부
너에게

시작을 반복하며 사는 것 12

이별을 잘 아는 사람 16

포기와 용기 20

혼자를 견디며 24

나와 나 비슷한 것 28

사람은 고쳐 쓰는 게 아니고 32

영원한 허기에 대하여 34

나에게 남은 것 38

안정적인 삶의 모양 42

버릴 수 없는 것 46

2부
당신에게

잃어버린 세계 54

성장과 상실에 대하여 56

비가 당신에게 간다 62

충분히 사랑하지 못한 66

낭만에 대하여 70

비밀에 대하여 74

제3자의 이야기 78

여전히 잘 모르는 것들 84

그리하여 삶을 견딜 힘 90

배워야 하는 것 94

들어도 못 들은 것과 같은 이야기 98

3부

나에게

끝없는 결말에 대하여 106

사라지는 꿈 112

연민은 사랑이 될 수 있나 116

각자의 사정 120

자라도 자라지 않는 126

나를 궁금해하는 사람 132

비밀로 할 것 136

사랑은 어디에 있을까 138

지난 사랑에 대한 단상 140

믿지 않은 것 142

더 나은 사랑 146

나가며 - 과거라는 집 152

1부

너에게

시작을 반복하며 사는 것

 작심삼일 운동이든 연애든 우리는 무척이나 처음을 반복하지. 사랑이 특히 혼란스러운 이유는 우리가 사랑이라 부르는 것을 자주, 사랑의 시작을 뜻하는 말로 축소 해석하기 때문이 아닐까. 사랑은 수동적으로 느끼는 감정의 한 종류가 아니라, 똑같은 이름을 한 여러 형태로 우리를 찾아와 무수한 감정을 일으키고, 견디지 못하면 소멸하거나 상처를 남기고 말아. 알랭 드 보통은 <낭만적 연애와 그 후의 일상>이라는 그의 책에서 "유효한 관계를 위해서는 그 관계에 처음 빠져들게 한 감정들을 포기할 필요가 있다는 결론에 이를 것이다."라고 말해.

과거의 연인은 "그놈이 다 그놈이야."라고 했어. 살아본 적도 없으면서 살아보면 다 똑같더라 같은 말을 하는, 당시의 나보다 다섯 살 많은 삼십 대 초반의 남자였던 그는 연애 경험이 많았고, 그 끝이 거진 비슷하다는 것에 익숙해진 것 같았어. 열정으로 들끓던 본인의 마음이 이내 파도 한 점 없이 잔잔해지는 일상을 받아들이는 것에도 능숙해 보였고. 나는 그에게 '이상주의자'라는 말을 몇 번쯤 들었고, 그럴 때마다 조금씩 위축되었고, <낭만적 연애와 그 후의 일상>은 내가 간직한 채 이별을 맞은 그의 책이야. 그와 헤어진 뒤 이 책을 들춰 볼 때마다 자주 우리의 대화를 떠올렸어. '그놈이 그놈이 아니면 안 되는 거야?' 내가 그런 이유로 그의 삶에 받아들여지고 싶지는 않다는 생각을 하면서 말이야. 첫 챕터 이후로는 영 진도가 나가지 않는 이유는 어쩌면, 시작의 순간이 지나고 나면 감흥이 적어지는 게 당연하다고 느끼는 태도, 그런 시작의 저주가 아닐까.

처음의 감정. 그를 사랑해서 견딜 수 없던 마음. 나를 설레게 하던 노래의 도입부를 듣고도 그 노래가 흘러나오기 시작한 지도 인지하지 못하게 되는 순간이 있어. 반대로 어떤 순간을 일깨우는 멜로디를 발견하고 그 노래 제목을 알고 싶어 하기도 해. 그렇게 작은 세계가 반복해서 저물고, 이내 새로운 세계가 태어나지.

나는 시작의 순간들을 사랑해. 우리에게 빛나는 시작이 있었다는 사실을 말해주는 순간들을. 우리가 얼마나 특별한 인연인지 말해주는 이야기를. 나는 오래된 관계가 녹슬지 않도록 자꾸 매만져, 여전히 경이롭고 신비하도록.

사랑이 특히 혼란스러운 이유는
우리가 사랑이라 부르는 것을 자주,
사랑의 시작을 뜻하는 말로
축소 해석하기 때문이 아닐까.

◇

이별을 잘 아는 사람

　새벽 두 시 삼십칠 분을 마지막으로 끝나는 버스를 기다리며 흐릿하게 맞은편 건물을 바라보는데, 삼 층 변호사 사무실 다섯 개의 창문 칸에 '이혼 전문'이 한 글자씩 붙어있어. 그 무심한 네 글자는 나를 순식간에 사로잡아. 나는 그게 뭔가… 뭔가 단단히…, 일어나서는 안될 일처럼 느껴진 거야. 사람들이 이혼하면 안 되는 게 아니라, 우리가 꿈을 꾸던 어린 시절에, 자신이 정말 무엇이 될지 아는 아이는 없으니까, 이혼 전문의 변호사는 자신이 사람들을 잘 헤어지게 돕는 데서 쓸모를 얻고 매일의 열정을 쏟을지 몰랐을 거잖아. 그게 자기 직업이 될 거라고, 언젠가는 사랑했던, 적어도 삶을 나누기를 바랐던 두 사람이 이제 크나큰 고통을 나누는 것을 지켜보며 효율적이게, 혹은 유리하게, 안전하게 갈라서는 법을 알려주게 될 거라곤 말이야. 아주 어린 시절의 우리는 사랑에 안전장치가 필요할 것이라고는, 눈물 흘리는 누군가의 반대편에 서야 할지도 모른다고는 상상하지 못했을 테니까.

 법원에서 일하는 지인과 우연히 12월 31일에 만나 인사를 나눴어. 그녀는 "연말이라 휴가 내고 법원에 이혼하러 오는 사람이 많다."라고 말하더라. 이혼은 누군가에게는 유종의 미이거나 새해로 가져가기 싫은 단어인 거겠지.

 그날 그 자리에 서서 이혼 전문 네 글자를 바라보던 그 시절의 나는, 이별이 유난스레 주변을 맴도는 시간을 보내고 있었어. 헤어짐은 보란 듯이 자신의 화려한 무용담을 뽐내. 이별은 결코 은밀한 혼자만의 것이 될 수 없다고, 누군가를 잃는 슬픔은 당신만의 것이 아니라는 충고이거나, 전부 별것 아닐지도 모른다는 위로이거나, 어쩌면 이 모든 사건이 매일 같이 일어나는 충돌의 세계에 우리가 살고 있다고 쉴 새 없이 깨우치도록 하려는 게 아닐까. 마냥 좋고, 마냥 나쁜 것은 없다고도 말이야.

많은 관계를 정리하고, 연인과 이별하고, 누군가의 헤어짐을 들어주는 사람이어야 할 때. 친구의 이혼 소식을 들으면서 관계의 증인이 되는 일의 무게를 느끼고, 사람들이 티 내지 않으려는 것들을 자주 마주하다 보면 생의 뒷면에 머무는 기분이 되지. 무대에 곧 올라갈, 혹은 영영 보지 못할 사람들의 비밀을 알고 그들이 연기하는 모습을 지켜봐야 하는 어려운 역할. 하지 못하는 말들 사이에 갇혀, 아직 아무것도 모르던 시절의 어린아이를 끌어안고 울고만 싶어져.

'이혼 전문' 네 글자가 주는 삶의 무심함을 생각해. 누군가는 피하고 싶은 것, 누군가에게는 필요한 것. 이별에 값을 치르는 도구가 있어 이별에 유리한 위치를 얻게 해주고, 그렇게 이별을 전문적인 것으로 만들어주는 능력. 누군가에게는 간절히 필요한 탈출구일지도 모르는 이별을 생각하던 어느 새벽이 있어.

포기와 용기

사랑하면 닮는다는 말을 생각해. 누군가와 함께 할 때면 언젠가부터는 닮았다는 이야기를 듣고, 네가 만난 사람들 사이에 공통점이 있다던가 하지. 우리가 자주 들여다보는 것을 닮는다면, 나와 닮은 것을 들여다보고 사는 거라면, 오늘 내가 지나친 것들은 어떻게 생겼던가. 잠시, 골똘히 생각해. 나에게 사랑하는 마음이 있었나, 오늘.

숱한 만남을 반복하고 겨우 얻은 당신들을 다시 또 잃어가면서 나는 자신 없는 인간이 돼. 간절했던 것을 잃는 일에 무기력해져서, 대가를 치르고 싶어도 그 방법을 모른다는 게 우스워서. 실패는 모든 것이 열의나 마음만으로는 충분한 것은 아니라 일러주고, 나는 잃지 않는 법을 몰라서 사랑을 두려워하는 사람이 돼.

그것은 조심스러워도 흠이 되고, 날 것 그대로를 꺼내 보이면 흉이 되지. 어떤 것은 폭력이라 불리고, 어떤 것은 용기가 돼. 나는 네가 될 수 없어서 우리는 타인의 마음을 받아주는 일에 노력을 기울여야 하고, 말과 표정, 몸짓을 잘 살피지 않으면 무엇이 중요한지 알 수 없으니까 나는 열심히 너를 눈에 담아. 하지만 그렇게 너를 보고만 있으면, 너를 따라가는 데 급급해 내 속도를 잃게 돼. 나는 결국 하고 싶은 말은 할 수가 없고, 네 앞에서는 나 자신이 되는 게 어려워. 너무 간절한 것 앞에서 나는 좋은 판단을 내리지 못하고, 역시 원하는 건 가질 수 없는 게 아닐까 지레 포기하는 마음이 돼. 하지만 내가 나인 게 흠이 될까 두려워서 진실하지 못한 죄로 결국 아무것도 얻지 못한다면, 차라리 잘 잃을 용기를 낼 수도 있지 않을까.

잃지 않고 지켜내는 것만이 사랑일지 묻는다면, 글쎄. 잃는 것 역시도 사랑이 될 수 있을 거야. 힘껏 뛰어들어 껴안는 것만으로 충분한.

프랑스 시인 에드몽 자베스는 '오직 포기의 대가'로만 닮음이 있다고 했다는데. 그렇담 나는 무언가를 포기하고 당신의 손을 잡은 거라고도 말할 수 있을까. 함께 하기 위해 서로에 맞추어 변해가는 모습을 포기라고 한다면, 포기는 닮았다는 말과 같은 것이 될 수도 있을까. 나를 조금씩 잃고, 너로 만들어진 나를 겪어가는 일이 사랑이 되는 건지, 그런 대가를 치를 사람을 만날 수 있을지 궁금할 때가 있어.

나에게 사랑하는 마음이 있었나, 오늘.

혼자를 견디며

집으로 돌아오는 길, 공허한 마음에 입김을 불어 볼 때, 집에서 멍하니 모로 누워 휴대폰으로 SNS를 뒤적거릴 때, 아직 오지 않은 사람들의 메시지를 안절부절 확인할 때, 내가 다 어디로 갔는지 잘 모르겠다는, 내가 본 것들로 가득 차버린 껍데기가 나 같다는 생각을 해.

다가올 날들에는 기대가 없고, 오늘을 보내는 데 급급한 사람 같은 나는, 타인과 나의 격차에 무기력을 느끼는 것 같아. 가끔은 그런 것이 아무 상관 없다고 생각하면서도, 혼자라는 것이나 나의 삶이 못 이기게 좋으면서도, 가끔은 그런 것의 무게에 짓눌려 질식할 것 같은가 봐. 나는 앞으로 가지는 않고, 앞으로 다가올 것들에만 조급해지는 마음이 돼.

나와 단둘이 맞는 정적에 어찌할 줄을 몰라서 나는 뱃속에 불안함을 채워 넣어. 혼자서는 취하지 못하는 술, 몸에 나쁜 음식, 빠르게 반짝이는 화면에 시선을 고정하고, 내가 아닌 것들로 시간을 메우고 외로움을 견디지. 그런 날들 속에 타인의 얼굴은 유일한 쉴 곳이 되어주지만, 나를 해결할 수 있는 것은 나뿐이야. 타인의 목소리와 온기로 가득 찬 내가 정말 나라는 착각을 하다가, 그들이 떠난 자리에 남은 나는 혼자서는 걷는 법을 잊은 사람처럼 비틀거리지.

다른 사람들은 어떻게 타인에게 기대지 않고 걸어가는지, 혹은 어떻게 타인과 손을 맞잡고 걷는지, 그게 정말 안전한지 궁금해서 나는 타인의 삶을 엿

보기 위해 자주 까치발을 들고 곁눈질을 해. 나에게 궁한 것을 가진 친구들에게 묻지. 너에게는 어떤 확신이 있느냐고. 자신에게 확신을 가지는 사람도, 타인에게 확신을 가지는 사람도, 상황에 확신을 가지는 사람도 있어.

타인을 인터뷰하는 일은 나를 자주 감동하게 해. 그것이 사실은 그저 홍보를 위함일지라도, 그 이야기엔 한 사람의 삶을 정리한 철학이 있고, 그가 무언가를 해내기 위한 노력의 과정이 있거든.

인터뷰를 빌어 촬영장 뒤에서 나눈 그녀와의 대화는 나에게 물어. 성공과 실패, 기쁨과 슬픔의 뒤를 지키는 기준이 있는지. 아니면 넌 그 모든 상황에 휘둘려 그때그때 다른 사람이 되느냐고. 난 속으로 생각해. 그 모든 상황에 휘둘려 나를 잃어버리는 것 같다고.

나와 잘 지내기 위해서는 나와 함께 지켜 갈 기

준이 필요해. 그건 상황이 나를 바꾸기 전에, 내가 정말 나일 때, 원했던 대로 움직이게 해주는 것. 예를 들면, 예기치 않게 늦잠을 자고 일어나 오후 두 시에야 눈을 떴을 때 넋을 놓지 않고, 무엇을 하면 될지 알려줄 수 있는 것. 삶을 자조하지 않고, 걷던 방향으로 계속 걷게 하는 힘인 것 같아.

 나는 계속 나로 걷고 싶어. 갈림길 앞에서 내 안의 나와 다투느라 진을 빼지 않고 말이야.

◇

나와 나 비슷한 것

　나의 가장 좋은 모습을 나라고 기억하는 사람에 대해 생각해. 그에게 솔직한 사람이 될 수 있을까. 어째서 그는 나를 그렇게 알아버렸을까. 반대로 나의 나쁜 면을 나라고 기억하는 사람을 생각하면, 나는 어떻게 해야 할까. 나는 '사람들이 나라고 믿는 그것이 두렵다'는 말을 썼어. 그건 대체 어떤 형상을 한 나일까. 어떤 성격을 가지고 어떤 말을 하는.

　"너는 이런 사람인 것 같아."라는 말을 들을 때면 나는 알레르기 반응을 일으키듯 예민하게 반응해. 그것이 칭찬이라면 그것이 정말 그렇지만은 않아서, 나를 좋지 않게 바라볼 때도 정말 그렇지만은 않아서, 나는 어딘가 가려운 사람처럼 변명하게 돼. 어떤 단어가 내가 되면, 그 안에 갇히는 것만 같아. 아무리 많은 단어가 있어도 나를 다 설명하지 못하고, 정의하려고 노력할수록 부족함에 확신을 잃고 불명확한 사람이 되지. 사람은 어떤 언어로도 표현해 낼 수 없을 거야. 소설이나 드라마 캐릭터와는 다르게 너무나도 모순돼서, 이해할 수 있는 방식으로는 작동하지 않고, 이해받을 필요도 없어서.

내가 그저 입 밖으로 꺼낸 것들로 채워진 존재에 불과한 것 같다는 생각을 해. 어디에서, 누군가에게, 어떤 말을 했다는 사실들로만 이루어졌는지도 모른다고. 그것은 더 이상 진실은 아닐지라도 사실임에는 분명해서, 나는 그 말들로부터 벗어날 수 없고, 그것은 정말 나와 무척 비슷한 것이기도 하지. 그래, 나는 과거의 나로부터 도망갈 수 없어서 타인이 기억하는 내가 무서운 게 아닐까. 더 이상 나 아닌 것을 나로 짊어지고 살아야 해서 말이야.

여러 장소에서 나는 나에게 주어진 기대를 헤아려. 어떤 모습의 나를 기대하는 사람들. '무엇이 될까요 묻지 말고 그냥 네가 돼.'라는 말에 나는 조금은 주눅이 들기도 해. 나 비슷한 것들을 안고 살아가는 일의 곤란함에도 불구하고 내가 정말 원하는 것을 위해서 나는 그 기대에 부응하고 싶기도 한 거야. 나와는 조금 다른 내가 되고 싶을 수도 있는 거니까. 그러니까 기대와 두려움을 안고서 나는 어떻게든 균형을 잡고 싶어. 나의 가장 좋은 모습을 나라고 기억하는 사람을 위해 조금 더 좋은 사람이 되고 싶고, 나의 가장 나쁜 면을 나라고 기억하는 사람을 위해 정말은 그런 사람이 되지 않도록 노력하고 싶으니까.

솔직한 사람이 될 수 있을까.

사람은 고쳐 쓰는 게 아니고

 사람은 고쳐 쓰는 게 아니라는 말은 어딘가 흔하게 잘못 놓인 돌멩이 같아. 아무도 치울 생각 않고 무시하며 지내다가 상처를 얻고 나서야 누군가를 탓해보려 해도, 누구의 탓도 아닌 채로 우리에게 고통을 주는. 그러니까, 그 사람이 그 사람인 일이, 내가 나인 일이, 누구도 탓할 수 없는 일이고, 우리는 사랑하던가 말던가 하나 밖에 할 수 없다고.

 머리로만 아는 것들은 대체로 쓸모가 없어서, 나는 또다시 상대를 내가 원하는 대로 바꾸고 싶어해. 내가 바라는 사람이 되어주기를 바라지. 아주 작은 욕심인데, 이것까지만 어떻게 안될까, 하고 말이야. 그런 내게도 평화가 찾아올 때가 있는데, 상대가 나를 정말 있는 그대로 사랑하고 인정한다고 느끼는 순간이야. 그때 나는 이 사람에게도 마찬가지로 그런 마음을 주고 싶다고 생각해. 우리는 서로를 바꿀 수 없는데, 우리는 서로로 인해 변하지.

이해할 수 있을 거란 착각과 이해받을 수 있을 거란 기대가 사납고 포악한 파도처럼 우리를 덮쳐와. 이것 하나만 달라지면 관계가 더 좋아질 거라는 비겁한 상상은 결국 관계를 물거품으로 만들어. 바꾸고 싶었던 아주 작고 사소한 것이 관계의 전부였을지도 모르거든. 우리는 서로를 서로이게 하는 아주 작고 사소하지만, 무척 중요한 부품을 바꾸고 싶어 한 거야.

우리는 언제나 빼앗은 것보다 많이 잃어. 잃고 싶지 않았던 것마저도. 결국 타인을 바꿀 수 있을 거란 기대보다는 그 전부를 사랑할 용기가 필요했을 뿐인데.

◇

영원한 허기에 대하여

나는 얼마나 더 좋은 것을 원하는 걸까? 그다음을 향한 충동을 멈출 수 없을 때 물어. 끝없이, 무한히 이어지는 욕구와 욕망에 최전선에 서서.

영화 <인 투 더 와일드> 주인공의 아버지는 대학 입학 선물로 오래된 차를 바꾸어주겠다고 하지만, 주인공은 차는 아무 문제가 없고 자신에게 소중한 것이기에 새 차는 필요 없다 말해.

무언가 자꾸만 필요하다고 느낄 때, 더 좋은 걸 갖고 싶을 때, 문득 내가 바라보고 있는 건 새로 얻은 대상이 아니라, 그 너머라는 걸 깨달아.

이 빛나는 세계에서 우리는 반짝이는 것들을 모으는 어린아이로 살며 영영 자라지 않는 것만 같아. 무작위로 보이는 것에 내가 원하는 것이 있다고 믿으며 자꾸만 구매 버튼을 누르고, 좋아 보이는 것들을 저장해. 그걸 내 취향이라 믿으면서도, 다시 찾아보진 않지. 중요하지 않은 것에 얼마나 많은 시간을 쏟고 있는지. 나는 이미 다시는 돌아볼 수 없을 만큼 많은 것을 보고도 영원히 허기진 사람처럼 내일이면 다시 배가 고파서 뭘 채워 넣을지 생각해.

미래와 새로움에 내가 정말 원하는 것이 있을까. 새것을 선택하지 않는 주인공이 내가 원한다고 믿어온 것들의 얕은 실체를 들춰, 매끄러운 일상에 제동을 걸지. 얼마나 더 좋은 게 필요하냐고. 이번에는 만족할 수 있느냐고. 나의 불행과 게으름을 유지하기 위해 내가 아닌 것들로 나를 좀먹어.

충만한 삶의 조건은 무엇일까. 주인공처럼 멀고

긴 길을 걸으면 알게 될까. 그 길 위에서는 자극으로부터 얻는 짧은 위안과는 달리, 지금까지 피해 왔던 슬픔의 과거와 미래를 마주하게 되겠지. 나로 사는 것의 고단함 말이야. 그것은 취향을 얻는 것과 비슷한 구석이 있는 것 같아. 나의 게으른 취향은 무언가를 좋아하고 잘 알아가려는 노력 대신, 자꾸 무언가를 소유하려는 자세를 취해. 취향이란 집중하는 시간과 시행착오가 필요한, 무척 까다로운 일이고, 나로 산다는 건 까다로운 일을 직접 하겠다는 뜻이기도 하지. 취향은 소유가 아니라 재능처럼 수많은 훈련을 거쳐서 얻게 되는 감각과 긴 시간을 함께한 대상에 대한 애정이라고 생각해.

한 친구는 알고리즘을 파괴하기 위해 가끔 예상 밖의 행동을 한다고 해. 인터넷 서핑을 하다가, 유튜브를 보다가, 자신과 전혀 상관없는 것을 눌러본대. 그것이 가져다주는 새로운 조합이, 으레 함께 선택되지 않는 것들이 갑작스레 충돌하는 탓에 발생하는 잡음 같은 것이 새로운 길을 열어준다고. 일상의 관성에서 벗어나려는 귀찮은 노력을 하지.

모두에게 좋아 보이는 것이 아니라, 나에게 아름답고 소중한 건 무엇일까. 나에게는 그걸 구분해 낼 힘이 있나?

나에게 남은 것

폴 발레리는 말해,

"이 중에 내가 간직하려던 것은 없다. 남을 수 있는 것이 남았을 뿐."

나는 매일 조금씩 잃어. 삶에서 사라진 것들을 두려워하는 나에게 위안을 주는 말을 떠올려. 모으고 간직하는 일에는 내가 미처 발견하지 못한 중요한 의미가 있을 것 같아서 늘 작은 소실과 망각이 두려워. 어쩌면 나는 아직 소중한 게 뭔지 잘 모르고, 미래의 나에게 필요할 것을 알지 못하고, 영영 지금 가진 것보다 더 나은 것을 얻지 못할까 봐 아무것도 버릴 수 없는지도 몰라. 더 나은 날이 다가오지 않을까 봐 어제를 간직하고 내일엔 확신이 없어. 알 수 없는 일을 자신하지 못해서 나는 오히려 오늘은 안중에도 없는 것처럼 지금까지의 모든 것을 품 안에 그러모으고 기억 한 톨마저 날아갈까 불안해. 지나온 과거의 상처가 오늘을 두리번거리게 하고, 내일을 두려워하게 하지.

하지만 역시 누군가는 내일을 기대하는 마음으로 과거를 쥔 손의 힘을 풀 거야. 그 마음을 알아. 우리는 계속되는 이별 속에서도 끊임없이 사랑하고, 또 다시, 다가오는 것들과 처음인 것처럼 사랑에 빠져왔다는 걸. 다가올 슬픔과 사랑 중 무엇을 껴안을지 역시 내 몫이지.

나는 매일 조금씩 잃어. 과거의 선택과 후회를 지나, 과거의 내가 모르던 미래에 있는 나는, 그동안의 변화 속에서 나에게 남은 것 중 처음부터 내가 간직하려던 건 별로 없다는 걸 알아. 간절하고 두려웠던 마음이 무색하게 과거의 나를 잘 기억하지도 못하지. 마음은 물건과 같지 않아서 보존 처리 약품을 발라둘 수 없고, 그 마음의 연원을 알 수도 없지. 주위를 둘러봐. 곁에서 걷는 사람을. 간절하지 않았지만 소중한 것을. 세상에는 간절함보다 귀한 것이 있어. 그게 오늘의 나를 살아가게 하고, 나는 오늘의 불안함에 지지 않을 수도 있을 것 같아.

다가올 슬픔과 사랑 중
무엇을 껴안을지 역시 내 몫이지.

◇

안정적인 삶의 모양

나와 어울리지 않는 걸 하고도 잘 지낼 수 있다면. 무의식적으로 인스타그램을 켜 타임라인을 슥슥 올리다가 문득 누군가의 허물없음이 부러워 물끄러미 그의 삶을 들여다봐. '나는 별로 저렇게 하고 싶지 않은걸.' 생각하면서도 나도 이런 사람이면 어떨까, 기쁘면 기쁘다 슬프면 슬프다 밖으로 표현하도록 노력하면 어떨까. 사람들이 알아들을 수 없는 배배 꼬아둔 수수께끼 같은 말 대신, 보이는 그대로의 말을 해보면 내 마음도 더 편해질까. 그럼 더 많은, 더, 더 좋은, 더 나은, 더 시원한 기분으로 하루를 보낼 수도 있으려나. 하지만 이미 할 말을 고르지 못해 막막한 내가 보여.

　인스타그램을 끄고 아무도 나를 모르는 곳에 앉아 가만히 시간을 보내. 나와 어울리지 않는 걸 아쉬워하지 않고도 잘 사는 사람이 되고 싶어. 각자의 모양으로 삶을 견뎌내는 사람들을 따라 하지 않고, 그냥 나 같은 사람인 채로, 이런 나를 좋아하면서 잘 지내고 싶다는 생각을 해.

　흔히 말하는 '안정적인' 삶에서 한 발짝 멀어질 때마다, 지름길인지 구불구불한 길인지 알 수 없는 경로를 선택했다는 생각이 들 때마다, 여전히 할 수 없는 건 할 수 없는 거라고 생각하면서도, 마음이 원하는 결정을 내렸다고 믿으면서도, 도망치고 있는 것만 같은 순간이 찾아들어. 그런데 평평하고 곧게 난 그 길이 맞는 줄은 어떻게 알고 줄을 서서 걸어가고 싶은 걸까. 애초에 무엇이 맞고, 틀렸다는 건 언제, 어디서부터 시작됐지.

평일 저녁 퇴근한 친구를 만나 술을 조금 마시고, 함께 을지로 밤길을 함께 걸었어. 회사로 가득 찬 빌딩이 조명처럼 늘어선 그 사이에서 친구는 내가 회사 밖의 불안정한 삶을 잘 버텨내는 것 같아 다행이라고 말해. 너라서 잘 해내는 것 같다고 말야.

"나는 이 삶이 오히려 안정적인 거라고 생각해."

그래 그때 나는 분명 그렇게 답했어. 진심으로 말이야. '안정적인' 그곳에서의 내 미래를 상상하기가, 불규칙한 날들 너머의 미래를 꿈꾸는 일보다 어려웠으니까. 5년 뒤 내 모습이 회사 선배 같기를 바란 적이 없었고, 그게 어떤 직무의 어떤 일이든, 사무실에 앉아 일하는 것이 내가 바란 어른이 된 내 미래는 아니었거든.

'같은 일을 조금 더 능숙하게 하는 그런, 조금 나이 든 나.' 그때 나는 분명 그것이 오히려 불안정한 삶이라고 생각했던 것 같아.

　안정적이라는 삶이란 내가 바라는 것을 스스로 배반하는 것이 아니라, 기쁘게 받아들일 수 있는 일상을 맞이하는 것. 내일을 기대할 수 있는 것. 그것이 회사든, 사업이든, 창작 활동이든 그 일이 쉽지는 않을지라도 내 마음을 배신하지는 않는 것이 안정적인 삶이 아닐까.

　몸과 마음이 힘든 것과 몸과 마음이 혼란스러운 것에는 차이가 있고, 그것의 의미 역시 스스로 정의하고 각자 자신에게 맞는 방식을 찾아야겠지.

◇

버릴 수 없는 것

"우리는 왜 버리지 못할까요?"

누군가 '버리지 못하는' 이유를 물어. 영수증과 사진, 추억 같은 것을 잘 버리지 못하는 사람들이 있지. 우리는 왜 쉽게 버리지 못하는 걸까. 버리지 않는 걸까. 다시 들여다보는 일도 없으면서 삶에 한자리를 차지하도록 둔 것들을 어찌 해야 할까.

누군가는 온전히 가진 적 없으니 못 버리는 것 아닐까 되물어. 그 답은 그저 터질 것 같은 주머니에 작은 구멍을 뚫어 가득 찬 물을 조금 빼내 줄 뿐이고, 빠져나가려는 생각은 질서를 지키는 법이 없어서 고민에는 영 진전이 없고 여전히 미지근한 기분이 남아. 단순히 소중해서라는 이유만으로는 설명하지 못할 머뭇거림과 강박이 있어.

끊임없는 연결은 순간을 붙잡는 일에 집착하게 해. 멈춤이 주는 불안과 '할 수 있음'이 만드는 고된 소통 때문에 이 순간이 아까워서 이 순간에 집중하지 않기도 하지. 우리가 살아가는 세상은 쉴 새 없이 돌아가고 멈추는 시간만큼 다시 따라잡아야 한다고 생각하게 해. 빈칸을 만드는 데 익숙하지 않은 우리는, 관계를 쉬어본 적 없는 나는, 환경에 휘둘리지 않을 자유와 나만 존재하는 감각이 두렵다고 느끼는지도 몰라. 우리가 버리지 못하는 이유 중 하나는 텅 빈 공간을 홀로 감당할 자신이 없어서는 아닐까. 고요와 관조의 능력이 우리에게서 사라지고 있는 게 아닐까. 그리하여 방을 가득 채운 것들로부터 안정을 느끼려고 말이야.

　연결은 중독 같아. 삶을 소모하는 속도가 빠른 만큼, 가득 채워둬야만, 소비해야만, 얻을 수 있는 만큼 받아두어야만 한다는 마음을 갖게 하는 것. 진짜 필요를 가늠할 수 없게 하는 소란함 탓에 무엇을 버려야 할지 모르는 게 아닐까.

J로부터

내 경우엔, 그때 내가 느꼈던 행복을 의심하게 되는 순간이 무서워서, 어느날 약해진 내가 그 순간의 기억을, 내 추억을 통째로 부정하게 될까 봐… 미래의 나에게 내밀 증거처럼 그렇게 차곡차곡 모으게 되는 것 같아.

2부

당신에게

잃어버린 세계

어떤 과거는 영영 사라졌습니다. 나는 더 이상 어디에서도 그들의 이름을 부르지 않습니다. 더 이상 나에게 허락되지 않는 이름도. 당신과 함께 한 시간은 그대로 사라졌는지 궁금합니다.

인연을 책장에 꽂힌 책이라고 한다면, 나의 서가는 얼마쯤 찼을까요. 새로운 책과 빛바래 바스러질 것 같은 책들이 두서없이 섞여 있진 않은지, 가장 좋아하는 책들을 잘 정리해 둔 건지 모르겠습니다. 사람을 한 권의 책이라고 한다면 분명 어딘가에 두고 다시는 책장으로 돌아오지 못한 책들과 잃어버리고, 의도적으로 버린 책들이 있을 테고, 한 권의 책을 하나의 세계라고 한다면 나는 몇 번쯤 나에게 부딪혀온 세계에 등을 돌린 셈이겠지요.

더 이상 펼쳐보고 싶지 않은 책, 책등에 아무것도 쓰여있지 않은 책, 자꾸만 손에 쥐어보고 싶은 책을 놔두고 가끔은 잃어버린 책들을 생각합니다. 다시는 읽을 수 없는, 다시는 구할 수 없는 그런 책을요.

하지만 책의 내용을 기억하지 못한다 해도 나는 그 책을 읽기 전의 나로는 돌아갈 수 없어서, 그 이야기가 남긴 흔적 위에서 살아갑니다. 내가 배운 옳고, 그름, 기쁨과 슬픔을 이제는 사라져 버린 이름에 빚진 채로요.

성장과 상실에 대하여

어제는 세찬 비바람이 불었어요. 계절은 어째 점점 어려워지는 것 같습니다. 오늘 당신 곁의 날씨는 어떤 얼굴을 하고 있나요. 무심코 바라보고 있던 날씨의 얼굴이 혹시 당신의 표정은 아닌가요. 무언가를 조금씩 더 이해하게 된다고 생각했는데, 꼭 그렇지만도 않은지요. 알던 것도 새롭게 모르게 되는 날들, 그것은 어쩌면 우리가 서로 변하는 속도가 달라서일까요.

변하지 않는 것은 없는 것 같습니다. 시시때때로 얼굴을 바꾸는 날들 가운데 무엇 하나 정확하게 알 수 있는 것이 없어서, 결국 잘 해야 하는 일은 안정을 구하는 것보다는 균형을 잘 잡는 사람이 되는 것 아닐까 생각합니다.

서울에 첫 눈이 얼레벌레 쏟아지던 날, 방의 커튼을 온통 쳐두고 있다가 사위가 어두워져 거두고 창을 보니 약한 눈발이 바람을 따라 이리저리 휘둘리고 있었습니다. 그런 장면을 보면 누군가가 떠오르나요, 그 사람에게 연락할 수 있나요. 그런 마음은 별 대수롭지 않은 것인가요.

글을 쓰는 친구 종길이 출판사 등록을 하고 사람들의 글을 모아 첫 책을 냈습니다. 사랑에 대한 에세이 열여섯 편을 엮었다고 해 구매를 하려 했더니 한사코 거절하고는 한 권을 손에 쥐여줬습니다. 서문을 읽으니 첫 문장이 왠지 익숙합니다. '나를 조연이 아니라 주연으로 만들어 주는 사람을 사랑해야 해.' 그가 언젠가 메모장에 써둔 문장이라는 이 문구가 낯익어, "나도 이 말 되게 익숙하다!" 말했더니 그는, 그렇지 않냐고, 어쩌면 우리가 함께 했던 이야기 같다고, 한참 술을 함께 마시던 시절 즈음의 메모라고 합니다. 그 말을 들으니 정말 그랬던 것 같습니다. 이런 이야기를 불쑥 아무렇지 않게 하는 사람들인 우리는 이거 정말 그렇다고, 술을 마시곤 고개를 함께 주억거렸던 기억이 납니다.

사랑의 변두리에 서서 앓았던 날을 떠올립니다. 고요했던 누군가의 삶에 주인공처럼 등장한 저는 그의 사랑으로 말미암아 제 삶에서도 스스로 정말 주인공이 된 것처럼 느껴졌습니다. 타인이 나를 주인공으로 만들어줄 수 있다는 생각, 누군가의 삶에 내가 주인공이 될 수 있다는 생각은 지금에 와 돌아보면 부끄러운 것이지만, 그때의 저는 일순간 작은 거울에 비친 모습을 사랑이라 믿고 마치 그것을 잘 아는 양 장황하게 이야기하던 오만한 사람이었던 거지요. 사랑만으로 정말 배가 부를 수도 있을 것 같던 시절을 지나, 나를 향한 상대방의 두 눈이 왠지 나를 담지 않았다는 생각이 들 때쯤 저는 제가 사랑에 대해 아무것도 모른다는 걸 깨달았습니다.

나 자신이 상대와 가장 가까운 존재로 느껴질 땐 그의 생각과 마음을 다 알고 이해할 것만 같았는데, 마지막으로 그를 대면했던 카페에서는 겨우 테이블 하나를 두고 건너편에 앉은 그가 지금 어떤 마음인지 짐작조차 가지 않았습니다. 그 알 수 없는 마음이 궁금하고 설렜던 적도 있었는데, 이제는 두려울 뿐이었어요. 잘 안다고 생각했던 것이 전혀 그렇지 않았다는 것을 알게 될 때, 그리고 그런 경험이 반복될 때, 나는 어쩌면 나를 잘 모른다는 생각을 하곤 나 자신마저 천천히 잃어갑니다. 나를 주인공으로 만든 존재를 잃어버리고 말았으니까요. 가장 잘 변하는 것은, 사랑인 것 같습니다. 그리고 저는 사랑이 변할까 봐 두려워하는 어른이 된 게 아닐까 겁이 날 때가 있습니다. 더 이상 주인공이 아니게 될까 봐서요.

어떤 대상을 가장 바깥에 서서 바라볼 때 그것을 잘 안다고 착각하기 쉬운 것 같습니다. 멀리서 바라보는 풍경은 아름답고 장엄해 감탄을 자아냅니다. 그리고 나는 분명 그것을 다 보았다고 믿으면서, 그 풍경을 내려다보는 자신에게 취해 그 안에 담긴 진실한 것들을 들여다보지 않게 됩니다. 하지만 풍경 안에 속하는 존재가 되었을 때의 나는 내가 한없이 작은 존재라는 걸, 결코 이 안에 담긴 것을 다 알지는 못할 것이란 걸 느끼고, 풍경을 감상하기보다 그 속을 거니는 존재가 되어 그 일부로 살아가기를 바라게 됩니다.

사랑의 경계를 맴돌다가 저는 사랑과 잘 어울리는 존재가 되고 싶어졌습니다. 사랑의 변덕에 휘둘리지 않고, 사랑의 일부가 되어 오래 이어지고 싶습니다. 나를 주연으로 만들어주는 사람이란 내가 기쁨에 취하도록 추켜세우는 것이 아니라, 나의 속도를 늦추고, 내가 속한 세계를 가꿔 이것이 망가지지 않도록 안전하게 지켜주는 사람인 것 같습니다.

영화 주인공이 말도 안 되는 순간들에 살아남는 것을 보며 사람들은 코웃음을 치지만, 살아남은 사람의 이야기가 이미 쓰인 것이라면 어떤가요. 영화는 겨우 삶을 본떠 만들어진 것뿐인데요. 그리하여 나의 사랑이 이미 한 편의 이야기라면, 마지막까지 살아남은 것이 어떤 모습일지 그려본다면. 한순간 태도를 달리하는 타인의 사랑을 사유로 중간에 막을 내리는 것이 아니라, 온갖 날씨를 양분 삼아 가꿔온 아름다운 풍경이기를 바랍니다.

◇

비가 당신에게 간다

빗소리에 아침이 왔다 천장만 바라보고 있을 때 당신으로부터 전화가 온다 비가 곧 갈 것이라고 나는 잠긴 목소리로 말했다 안개 품에 안긴 거센 울음이 쏟아진다고

창밖으로 종일 내리는 비를 힐끔힐끔 넘어다본다 당신에게로 간 울음과 후회를 닦으러 가야 해서 모르는 동네에 쏟아지는 비를 맞는다 차창에 맺힌 빗방울처럼 슬픔은 맺히고 흘러가고

나는 기다려본 적 없는 버스 번호를 자꾸 까먹

었다 걸어본 적 없는 동네의 정거장 이름이 잘 외워지지 않았다 그곳에선 아마 기억의 필요를 찾을 수 없을 테고 마지막 정류장에 안개의 품에 안긴 당신이 있을 것이다

*

 부고를 들은 날은 종일 마음이 싱숭생숭합니다. 당신의 얼굴이 자꾸 떠오르는 탓에 하루를 조용히 흘려보냅니다. 분명한 누군가의 슬픔이 다가올 때, 나 혼자 있어도 웃는 낯이 되기는 어렵습니다. 무심해진다는 것은 메마른 대지처럼 두려운 일입니다. 나를 슬픔에서 쉽게 건져내는 환경과 자극이, 짧은 애도의 나날이 불안한지도 모르겠습니다.

 장례식장을 오고 가는 길에는 이병률 시인의 시집 <이별이 오늘 만나자고 한다>를 읽었습니다. 오늘따라 의미심장한 제목의 시집을 집어든 것이 못내 쑥스럽지만 나는 이 이별에 어울리는 언어를 갖고

싶습니다. 이별은 항상 먼저 말을 걸어옵니다. 이별이란 피하거나 되돌릴 수 없고, 다가오기만 할 뿐이기 때문일까요.

삶의 모든 부서짐과 곤란은 예정된 수순 같습니다. 당연히 아플 것이라는 사실은 오히려 위안이기도 합니다. 그 고통이 삶을 다시금 생경하게, 죽음과도 같은 무감함에서 저를 끌어내는 것 같습니다. 가장 소중한 것을, 저는 누군가의 죽음 곁에서 늘 확인합니다. 우리는 예정된 슬픔 앞에 속수무책이지만, 늘 새로운 눈물을 흘려주는 사람들이 있다는 걸 그제야 배우게 됩니다.

한때는 '관계'와 '사랑'이 너무 쉬운 결론, 진부하고 뻔한 답일 뿐이라고 생각하기도 했으나, 크고 쓴 이별에서 나를 지켜줄 수 있는 것은 그들뿐이라는 걸 배운 뒤로, 진부하고 뻔한 말이 얼마나 진솔하고 간절한지 올바로 바라볼 수 있습니다. 이제 사랑으로 귀결되는 모든 답이 부끄럽지 않습니다.

우리는 왜 "비가 온다."라고 말할까요. 어쩌면 너무도 쉽게 내 방향으로, 나를 중심에 두고 삶을 읽기 때문인 것 같습니다. 당신에게 가는 비를 염려하는 마음으로 살 수 있다면, 아마 나의 말도, 말을 따라 생각도, 삶의 방향도 달라지겠지요.

비가 당신에게 갑니다. 부디 무탈하시기를.

◇

충분히 사랑하지 못한

충분히 사랑하지 못한 마음은 슬픔보다 오래 남는 것 같습니다. 최선을 다하지 못한 시간은 부끄러움으로 남아, 그런 순간들을 떠올리면 미안한 마음이 됩니다.

1

가끔 그를 떠올립니다. 시작이 달랐더라면 우리는 지금 어떤 모습일까요. 모든 관계는 지나간 관계 위에 짓는 방법뿐입니다. 나는 이런 관계를 좋아하는구나, 관계에서 내가 필요로 하는 건 어떤 점이구나 데이터를 쌓아가며 더 나은 선택을 한다고 믿고,

믿어야만, 내가 무언가를 배웠다고 할 수 있어야만 앞으로 다가올 것들을 기대할 수 있을 테니까요.

하지만 경험으로부터 배운 것도 늘 옳지는 않아서, 새로운 관계를 무너뜨리기도 했습니다. 한때 견고하다 믿었던 사랑이 쉽게 바스러지는 경험을 한 저는, 사람의 마음은, 사랑한다는 것은 별로 믿을 만한 것이 아닌지도 모르겠다고 생각했습니다. 대체 그걸 어떻게 믿을 수 있지? 사랑이라는 말은 관계의 시작에서도, 끝에서도 똑같은 단어지만 그것에 담긴 마음은 전혀 다른데. 사랑이라는 말을 믿을 수 있는 순진함을 이해할 수 없게 되었습니다. 영화 클로저에서 앨리스는 "사랑이 어디에 있는데? 볼 수도, 만질 수도, 들을 수도 없어."라고 말합니다.

사랑에 울면서도 새로운 사랑에 애닳는 것이 사람의 일이라, 그러고도 누군가의 손을 잡았지만, 이번엔 달라야 한다는 생각에 새로운 관계에 엄격한 사람이 됐습니다. 사랑한다는 말은 순간의 감정에 휘둘리는 치기가 아닐까 염려하고, 너무 쉽게 우리의 미래를 상상하면 관계를 가볍게 생각하는 것 같아 두려웠어요. 그렇게 울다가 지쳐버렸습니다.

지나간 사랑의 죄로, 제가 줄 수 있는 것은 초라하고 못난 마음뿐이었고, 그가 떠난 후에야 어리석은 경계심에서 깨어나 이번엔 충분히 사랑하지 못한 죄로 용서를 빌었습니다. 그는 용서를 받아주었지만, 금이 간 것엔 틈이 남기 마련이라, 오해와 실망이 스며, 관계는 천천히 허물어졌습니다. 사랑하던 날들로부터 멀리 걸어와 돌아보면 받지 못한 마음은 겨우 슬픔이 될 뿐이지만, 주지 못한 마음은 부끄러움으로 남고 맙니다.

2

어릴 때부터 관계에 숫자를 대어보던 버릇은 잘 없어지지 않습니다. 제 마음은 비좁고, 시간과 노력,

돈을 아까워하느라 정작 중요한 것에 최선을 다하지 못하기도 했습니다. 늘 동경하는 것은 타인을 자유롭게 대하는 사람, 숫자를 세어보는 일에 마음을 낭비하지 않는 사람. 제게 그런 태도란 용기가 필요한 것이었고, 버릇을 깨고 처음으로 되돌아가 다시 익히는 데에는 오랜 시간이 걸렸습니다.

저는 타인에게 자신을 내어주는데 인색하지 않은 사람들 곁을 맴돕니다. 무언가를 받고 싶어서가 아니라, 그들의 '그럴 수 있음'이 부러워서요. 옆에서 그들을 지켜보며 더러 흉내를 내보고, 한 번씩 그런 저를 마음에 들어 하기도 했습니다. 그리고 십 년이 훌쩍 지나 이제야 겨우 조금 비슷하게 흉내를 낼 수 있게 되지 않았나 생각해 보기도 합니다.

낭만에 대하여

 정신의 방에 좋은 기억을 잔뜩 쌓아둔 사람은 잘 늙지 않는 것 같습니다. 사랑했던 시절을 돌이켜 줄 토큰을 많이 가진 사람은 그 오래된 버스를 타고 추억 속을 달리며 자주 웃을 수 있고, 그 시절이 준 너른 마음으로 타인의 삶을 응원하고 함께 만들어 갈 것들을 기대할 수 있습니다.

 우리는 언제든 다음을 기약하지만, 그것은 영원히 오지 않는 시간, 다음에 하기로 한 것을 오늘 하고자 하는 마음의 강인함을 생각합니다. 오늘의 웃음을 택하기 위해 시간의 허리춤을 베어 물고, 이 순간을 지속할 의지가 우리에게 있기를 바랍니다. 시간이란 돈처럼 아껴야 해서, 타인에게 나누어주기에는 한참 모자라고, 나조차도 재촉하게 만드는 것 같습니다. 효율적으로 시간과 에너지를 분배해 하루를 낭비하지 않아야 더 잘 살 수 있는 것처럼 보입니다. 얼마나 잘 쉴 것인가 또한 고민하지 않을 수 없습니다.

    하지만 낭비라는 말은 어쩐지 낭만처럼 들리는 구석이 있어서, 저는 시간을 낭비하는 일이 낭만과 깊게 관계한다고 생각합니다. 마음이 이끄는 선택을 하고, 타인에게 나를 할애하는 것. 결국 무언가를 더 사랑하는 데 시간을 쏟을 때, 사랑이 앞서는 선택을 할 때 우리는 어떤 식으로든 순수하게 살아갑니다. 아무리 논리적인 선택을 하려 해도 인생은 본디 뜻대로 흘러가지 않고, 앞으로 무슨 일이 일어날지 우리는 알 수 없어서, 어쩌면 마음이 이끄는 선택이 더 합리적인 건 아닐까요. 지금껏 이성이 가져

온 논리와 합리의 왕관을 빼앗아 감정에 주고 싶습니다. 아무것도 뜻대로 흘러가지 않는 세상에서 마음이 이끄는 판단이 틀렸다고 누가 힘주어 말할 수 있나요.

사진이나 영상의 기록이 용이해진 세대의 아이들은 어린 시절을 무척 잘 기억한다고 합니다. 돌이켜보면 제가 어린 시절의 기억이라고 가진 것은 사진으로도 간직하고 있는 순간들이 대부분이에요. 이미지로 그 상황을 복기할 수 있을 때 기억은 더 강하고 선명해지는 것 같습니다. 사진이든 영상이든 글이든 그것을 기록해 쌓아두는 일이, 앞으로 우리에게 일어날 수 있는 좋은 일은 아닐까요. 사랑하고 사랑을 기록하고, 그것이 무척이나 쓸모 있는 일이라고 마음의 충동이 자꾸만 말을 걸어옵니다.

하지만 낭비라는 말은
어쩐지 낭만처럼 들리는 구석이 있어서,
저는 시간을 낭비하는 일이
낭만과 깊게 관계한다고 생각합니다.

비밀에 대하여

저에게는 비밀이 있습니다. 비밀이란 건 어쩌면 따끔따끔 까슬거리는 옷 같아서, 나를 잘 알고 가까이 있는 사람과 있을 때 나를 더 간지럽게 하는 것 같습니다. 우리가 서로 닿지 않는 먼 거리에 있다면 비밀은 별 효력이 없습니다. 그것은 간지럽지 않고, 아무래도 괜찮은 것, 알레르기를 일으키지 않는 것으로 변합니다. 비밀을 비밀로 만드는 중요한 요소 한 가지는 타인에 대한 관심 같아서, 나를 잘 모르는 사람과 그 비밀은 사실 별 상관이 없고, 비밀이 아니어도 알지 못하는 것투성이인 삶에서 그런 건 의미가 없는 것 같기도 합니다.

비밀이란 그저 부끄러움일 뿐인지도 모르겠습니다. 금세 잊힐 것인 줄 알면서도 부끄러운 것, 뒤돌아서 웃음을 살만한 것, 지레 겁을 먹고 움츠러들게 하는 것. 아마도 나의 모난 면에 기인했기 때문은 아닐까요. 그렇다고는 해도 삶이 아무래도 상관없는 사람에게야 비밀이란 아무래도 좋은 것이겠지만, 삶을 걱정하고 기대하는 사람에게 비밀이란 햇살에 비춰 신비롭게 반짝이는 바다 같은 것이 아니겠어요.

새로운 비밀은 요즘의 저를 소란스럽게 합니다. 비밀에 대해 아무것도 배우지 못하는 하루는 쉽게 가라앉아 고요해지고, 작은 단서 하나에 다시 호기심으로 밝게 빛나기도 합니다. 비밀을 말하지 않기 위해 비밀을 제외한 이 세상의 모든 이야기를 할 준비가 됩니다.

하루는 친구들과 둘러앉은 테이블에 놓여있던 장식용 모래시계를 뒤집으며 물었습니다. "너희에게는 비밀이 있어?" 1분 30초의 모래가 아래로 떨어지는 동안만 우리 비밀에 대한 이야기를 하자고요. 비밀의 속내가 궁금한 게 아니라, 비밀이 있는지 묻고 싶었습니다. 다들 비밀을 어찌 안고 살아가는지 궁금합니다.

한 친구는 "난 비밀이 없어." 말했고, 한 친구는 "있는 것 같아. 꼭 비밀을 만드는 건 아닌데, 말을 하지 않다 보니 그대로 비밀이 되는 것 같기도 하고. 부러 말하지 않는 것도 있지. 그리고 비밀을 가지는 게," '도움이 되는 것 같다'는 말을 했습니다.

비밀은 도움이 되는 것 같습니다. 그게 당신과 나의 관계를 신비롭게 만들어냅니다. 이 사람을 다 알지 못한다는 생각이 그를 더 알고 싶게 하기도, 그를 어렵게 만들기도 합니다. 그러니 비밀은 나를 지키기 위해 만들어지기도, 타인에게 나를 한 번에 빼앗기지 않게 해주기도 합니다. 쉽지 않은 사람이 되는 것이 저는 나쁘지 않은 느낌입니다. 물론 그것은 선택할 수 없고, 나는 단숨에 경계를 낮추고 싶어지는 상대를 만나기도 하지만, 결국 사람은 미지를 갈망하게 만들어진 존재가 아닐까요. 호기심은 위험하고 조심스럽지만 내가 당신에게 주고 싶은 것이기도 합니다.

◇

제3자의 이야기

 주차장에서 후진을 하다가 뒤에 기다리던 차를 박았습니다. 어느새 뒤에 차가 왔는지도 모르고요. 제 차가 아니라서 아버지에게 연락했는데, 운전을 못해서가 아니라 자만해서라고 하셨습니다.

 마트에 들어가는 길에 추레한 차림의 나이 든 남자가 소주병들을 가져와 파는 모습을 봤습니다. 마트에서 필요한 걸 골라 계산대로 온 제 앞에서 그 남자는 소주 두 병을 계산했습니다. 천 원짜리 지폐 두 장과 낡은 지갑에서 골라낸 동전들로요. 저는 그가 조금 불안해 보여 살짝 떨어져 서 있었고, 계산을 마친 뒤 낡은 회색 비닐 가방을 든 그의 뒤로 계단을 올라 마트 밖으로 나왔습니다. 그런데 계단을 몇 칸 안 남겨둔 그가 발을 헛디뎌 그 가방이 계단에 부딪혔습니다. 눈 깜짝할 새도 부족했던 찰나의 순간에 가방 아래가 축축하게 젖으며 액체가 흘렀습니다.

그 소주이겠지요. 그는 작은 탄성을 내뱉곤 머쓱하게 저를 돌아보고, 출구 앞 구석에 서서 가방을 확인했습니다. 저는 그걸 끝까지 보지 못하고 발걸음을 돌렸습니다. 그 긴장과 고통을 확인하고 싶지 않았습니다. 그가 저를 의식하고 돌아봤을 때, 마주친 눈으로부터 저는 그가 느낄 모든 노애를 상상했습니다.

사고를 낸 건 처음이었는데, 벤츠였습니다. 다행히 누군가가 다치는 사고를 낸 것은 아니었고, 벤츠 차주는 화를 내지 않았고, 저희는 서로 차가 부딪힌

자리를 사진으로 남기고 전화번호를 교환하고 각자 갈 길을 갔습니다.

 이 일이 저를 우울하게 만들지 않았다면 거짓말이겠지만, 저는 돌이킬 수 없는 일이니 더 생각해도 소용 없는 것이라고 여겼고, 동행도 있었기 때문에 연연하지 말고 기운을 내자 마음 먹었습니다. 다만 사고를 냈다는 사실보다는 그로 인해 부모님의 기분이 어떨지 걱정했습니다. 아빠 기분은 괜찮을까, 이 소식으로 부모님의 오늘 남은 하루가 즐겁지 않은 것이 될까. 그 사실이 그들을 자꾸 찾아와 마음을 답답하게 하지는 않을까. 괜찮냐며 저를 걱정해주는 답장에도 왠지 울 것 같아집니다.

 저는 소주병을 팔아 산 소주 두 병이 허무하게 깨져버린 그가 느꼈을 황망함을 마주하고 싶지 않아 돌아섰습니다. 이미 제가 상상해버린 그 노여움과 슬픔이 벌써 저를 충분히 저릿하게 만들었기 때문입니다. 저는 타인의 슬픔이 무섭습니다.

 사실 저는 아무것도 모릅니다. 가방을 열어 깨진 소주병을 확인했을 때의 그가 느낀 것, 자식에게 접촉사고를 냈다는 전화를 받은 어떤 부모가 느낀 것. 아무것도 모르면서 일어나지 않은 고통을 느낍니다. 비물질의 세계를 다루는 일은 늘 어렵습니다. 생각, 기분, 감정은 유령처럼 둥둥 떠다니며 언제고 불쑥 나타나 저를 덮칩니다. 이런 인간인 저는 그것이 타인 또한 덮칠 수 있다는 것이 걱정입니다. 타인의 우울은 언제나 가장 버겁습니다. 그것은 무게가 없고, 돈으로 환산할 수 없고, 제가 해결할 수 없는 것이기 때문에요.
 커뮤니케이션 이론에는 제3자 효과라는 것이 있습니다. 어떤 메시지를 접한 사람이 나는 그 메시지를 들어도 괜찮지만 타인은 영향을 받는다고 생각하게 되는 것을 말하는데, 저는 사고를 낸 나는 액

땜했다 치고 대수롭지 않게 넘어갈 수 있지만, 그 소식을 들은 부모님이 받을 영향이 클 것이라고 느껴 걱정하고 기분이 나아질 수 있도록 무슨 좋은 말이든 해냅니다. 누군가가 어떤 말을 들었을 때(제가 한 말도 아닌데), 그게 그를 의기소침하게 하면 어쩌지… 걱정하는 겁니다. 스무 살에 전공 교양 과목으로 들은 사회심리 강의의 짧은 내용을 아직도 기억하는 이유는 제3자 효과가 나의 이상한 면을 정확하게 설명해 주었기 때문입니다.

타인의 기분을 지레짐작하며 부담 갖는 저는 이상한 인간이지만, 아마 앞으로도 '그럴지도 모를' 그들의 기분을 미리 해결하려 애쓰며 살아갈 것 같습니다. 타인의 기분이 괜찮은 것이 저를 살만하게 만들거든요. 친구는 "그렇게까지 타인의 기분을 느끼는 건 네가 착해서 그래. 너는 너 좋은 대로, 너를 위한 선택을 하면 돼." 말해줍니다. 그러겠습니다.

착하다는 말에 은근하게 입꼬리가 올라간 것은 사살입니다만, 저는 저를 위해 타인의 기분을 염려하며 지내려고 합니다. 나의 행복과 불행이 어디에서 비롯하는지 선명해지는 것만으로도 저에게 제3자로서의 삶은 중요하니까요.

여전히 잘 모르는 것들

1

집을 생각하면 자신의 삶에 대해 깨닫는 것이 많아집니다. 나의 현실 감각과 이상향에 대해, 내가 얼마나 약한 사람인지, 우선순위는 무엇인지, 무엇을 포기할 수 있는지 자꾸 고민하게 합니다.

저에게는 자유가 중요합니다. 그런데 그 자유란 누군가를 위해 사용하고 싶어 제가 아껴둔 것입니다. 시간을 자유롭게 쓰고 싶은 이유는, 시간을 쓰고 싶은 대상이 있기 때문이고, 삶을 자유롭게 만들고 싶은 이유는, 그 삶을 바치고 싶은 존재가 있기 때문, 시공간에 제약을 받고 싶지 않은 이유는, 결국 누군가와의 삶을 자유롭게 꿈꾸고 싶기 때문이에요. 그러니 누군가가 찾아올 집. 저에게는 그것 역시 중요합니다. 친구와 가족이 시간을 낼 수 없다면 기꺼이 제가 자유로운 사람으로 살길 택하겠습니다. 언제든 나를 불러주기만 하면 되도록요.

2

요즘은 새로운 것을 합니다. 누군가와 함께로는 처음인 것들을요. 늘 비슷한 형태의 만남이 저에게 권태를 주었습니다. 지루했습니다. 모든 반복이요. 우리의 일상이 늘 엇비슷한 우물이 되었고, 우리의 상상력은 빈약해졌고, 우리의 대화에 새로운 바람이 불지 않는 것이요. 새로운 동네를 탐험하고, 각자 좋아하는 활동을 함께 하며 삶이 넓어지는 경험을 할 수도 있다는 걸, 이 쉬운 걸 알지 못하는 세월이 길었다는 생각이 들었습니다. 타인에게 무언가를 제안하는 것은 번거롭고, 신경 쓸 일이 많아지는 것이니까요. 새로운 것은 즐겁지 않을 수도, 익숙한 결과가 나타나지 않을 수도, 많은 것을 찾아보고 준비해야 하는 일이기도 했습니다.

매번 같은 동네에서 만나던 친구들과 전시를 보고 새로운 동네에서 밥을 먹고 커피를 마셨습니다. 새로운 풍경을 걸은 오늘 뒤로, 앞으로 우리가 나눌 대화가 넓고 깊어지리라 생각합니다. 각각 알게 된 친구들을 서로에게 소개해 주고 있습니다. 여러 관계로 나뉘어 있던 제 세계를 통합하고, 다시 새로운 갈래를 냅니다. 우리는 이제 더 많은 이야기를 할 수 있고, 더 많은 것을 이해하고, 우리 관계 너머에 있는 서로의 삶도 알 수 있습니다. 우리끼리는 하지 못했을 이야기가 새로운 목소리의 도움으로 더 깊어집니다. 섞이고 싶습니다. 더 다양한 곳에서 우리를 만나면 더 다양한 모습을 볼 수 있겠지요.

3

 나이를 먹을 수록 아픈 곳이 늘어납니다. 잘 낫지 않아서인 것 같기도 합니다. 이상하게 건강에 관한 이야기는 부끄러운 것 같기도 하고, 별것 아닌 것 같기도 하고, 약점 같기도, 자랑 같기도 합니다. 누군가는 약점을 뽐내 연민을 사고, 누군가는 약점을 감추려 강한 척을 하느라 꼿꼿하게 굴기도 합니다. 아픔과 상처, 병을 약점으로 만드는 세상은 아무래도 거칠고 이기적입니다. 아픔과 상처, 병을 팔아 관심을 얻으려는 사람들이 생기는 것도, 그런 세상 탓이겠지요.

 매끄럽고 굴곡이 없는 것처럼 보여야 험한 세상에서 얕잡아 보이지 않고 살 수 있을 거라는, 불이익 당하지 않을 거라는 불안이 삶을 장악하기도 합니다. 흠이 없어야 사랑받을 수 있지 않을까 생각하는 두려움이 타인의 흠을 꼬집어 편을 가르고 공격

하는 게 아닌지요. 단점, 부족함은 우리를 서로 다르게 만들고, 각자의 나아갈 방향을 찾아주는 것 같은데, 정작 우린 그 다름을 무서워하는 게 아닐까 싶습니다.

4

건축디자인스튜디오 소장님의 인터뷰를 진행했을 때, 인터뷰를 마치고 촬영에 들어가기 전 이런저런 이야기를 나누다가 사무실 한편의 턴테이블로 모두의 시선이 모였어요. 클라이언트에게 선물 받은 것인데, 사실 본인은 '막귀'라 휴대폰 스피커로 들어도 상관 없다는 이야길 하시며 사실 한동안 음악을 끊고 지냈다고도 하셨어요. 일을 하든 무엇을 하든 음악을 틀어두니 어느새 그것에 의존하게 되었음을 깨달았다고요. 그 자리에 있던 모두가 고개를 끄덕였습니다.

저는 나만 겪는 병인 줄 알았는데, 이런 멋진 일

을 해내는 사람도 마찬가지구나 위안을 얻었습니다. 다들 엇비슷한 어려움을 겪고, 자신의 자리에서 불안과 불만을 안고 자신과 잘 지내기 위해 애를 쓴다는 것을 압니다. 내가 가장 어렵고, 힘들고, 남들은 내 고통을 모른다는 투정은 잠시 접어둘 필요가 있는 것 같습니다. 내 고통을 방패 삼아 타인에게 부담을 주어서도 안되는 이유는, 나도 타인의 고통을 모르기 때문입니다.

그리하여 삶을 견딜 힘

판사 박주영은 "적응과 망각은 놀라울 정도로 사람을 강하게 만든다. 평온한 삶을 지속하고 싶은 관성은 이성이라는 브레이크를 마모시키고 무력화한다." 말합니다.

적응과 안정을 느끼는 날들에 저를 괴롭힌 건 예측불가능한 상황을 두려워하고 피하기 시작하는 태도였어요. 새로운 관계를 만드는 일도, 정해진 일상을 깨는 갑작스러운 약속도, 마법의 단어와도 같은 '굳이'라는 단어를 하나 붙이면 그럴 이유가 없어졌습니다. 감동할 힘이 사라졌다기보다는 안정 외에 무엇도 달갑지 않아졌던 것 같습니다.

그런 시절의 일상을 지탱하는 건 이미 제가 아니고, 익숙한 상황의 반복만이 그가 유일하게 바라는 것입니다. 퇴근하고 침대에 누워 눈물을 흘리면서, 이 관계가 너무 고통스럽다고 울부짖으면서, 사랑에 애달픈 마음을 겨우 다른 조각들로 기워 버티면서도, 삶의 반전을 원하지 않게 되는 것. 그저 이 익숙한 권태, 익숙한 고통에 시간의 보호를 조금만, 한 달만, 하루만 더 받게 해달라고 유예를 소망합니다. 회사를, 관계를, 사랑을 믿는 것도 아니면서 그 울타리를 꽉 붙들고는 오늘까지만… 그렇게 하루를 잊어나가면 어느새 눈물도 잊히고, 살아지는 대로 살 수 있게 되고, 고통에도, 마음이 바라던 것에도 무감해집니다. 삶은 잠시 살만한 것처럼 느껴지기도 합니다.

시간 앞에서 모든 것은 상대적으로 작아지고, 돌이킬 수 없이 거대해지는 것 앞에서 고통이나 욕망은 사소한 것이 되지만. 시간의 힘을 빌려 삶의 생생함을 무디게 하고 싶지 않아요. 마음이 시간 앞에서 사그라지지 않기를 바라고, 고통 또한 스스로 껴안을 수 있을 때까지 저를 기다려주길 바랍니다. 그리하여 삶을 견딜 힘이 저에게서 자랄 수 있다면 좋겠습니다. 삶이 휘청일 때 웅크리고 시간이 흐르길 바라기보다, 그런 상황 속에서 나를 다루는 법을 알고 싶습니다. 무작위로 벌어지는 인생이라는 사건에 나다운 방식으로 여전하기 위해, 어떻게 그 안에서 온전할 수 있을지, 평온하지 않은 것들로부터 배울 테지요.

그리하여 삶을 견딜 힘이
저에게서 자랄 수 있다면 좋겠습니다.

배워야 하는 것

너무나도 평온한 날들이 이어질 뿐인 삶 속에서 저는 본디 마음의 배움이 늦었던 것 같습니다.

친구를 너무 미워한 적이 있습니다. 그보다 어렸던 시절에 저를 괴롭힌 아이들도 그 애보다 밉지는 않았습니다. 친구가 순진한 얼굴로 자꾸 거짓말을 한다 생각했고, 그런 행동이 이해 가지 않았어요. 다른 친구들과 말하다 보면 종종 그 친구의 말이 앞뒤가 맞지 않는 것 같았습니다. 그것들은 무척 사소했고, 저는 그것이 사소해서 화가 났습니다. 사람은 이해하지 못하는 것에 분개하기도 합니다.

그런데 문제는 친구의 거짓말이 아니었습니다. 저는 그 애가 점점 미워지더니 같은 반에서 앞줄에 앉아있는 모습을 바라보기만 해도 기분이 안 좋아졌고, 그 애에 대한 생각에 에너지를 온통 빼앗겼습니다. 커지는 미움을 제어하지 못해서 급기야 머리가 아프고 몸이 스트레스를 받았습니다. 그렇게 미움에 사로잡혀있던 고교 시절, 저는 <데미안>이라는 소설에서 '우리가 미워하는 것은 자신의 마음을 비추는 거울이다.'라는 글을 읽고 저를 잠식한 어둠의 실체를 깨닫습니다. 아마도 그것이 제 생의 첫 애증의 순간이 아니었을까 생각합니다.

우리는 우리가 가지고 있지 않은 것은 사랑하지도, 미워하지도 못하는지요. 사람은 자신과 관계한 것을 인지하고 반응하며 살아가는 것 같습니다. 그 애가 보여주던 태도의 일부는 아마 제가 억누르려 노력했던 것들의 모습과 닮아있던 게 아닐까 싶습니다. 어느 정도는 그 친구를 좋아하던 저의 질투에 기인하기도 했을 것이고, 그 애가 부풀리는 삶의 모습이 사실은 나도 갖고 싶었던 것이라 그 말들이 밉게 느껴졌던 것이라고요. 저는 여전히 그 애를 좋아합니다. 그것들은 오해였고, 오해가 아니라도 상관없는 것이 됐습니다. 이제는 미움을 다룰 때 다른 사람을 탓하기보다 저를 생각하게 되기 때문에요.

십 년쯤 지나 저는 삶에서 가장 극적인 사랑과 실연을 겪습니다. 그때 사람이 행복에 겨워 불행해질 수 있다는 것, 그 불행이 행복을 무너뜨릴 수 있다는 걸 처음 알았습니다. 갑작스럽게 커지는 마음에 이것이 물거품처럼 사라질까 두려워했고, 정말 그것을 믿게 되었다가 그 믿음이 깨졌을 때 느낀 고통은 저를 오래 괴롭혔습니다. 이런 사랑이 있구나 배우고도, 이런 사랑도 오래 가지 못할 수 있다는 사실에 울었습니다. 그 시간은 꽤 오랫동안 혼자 보내는 밤이면 유령처럼 저를 찾아와 작은 방을 헤집

었고, 눈물샘은 잠기지 않는 망가진 수도꼭지처럼 눈물을 흘렸습니다.

미움이든 사랑이든 지나친 것은 언제든 마음의 불안을 불러오는 것 같습니다. 너무 큰 고통을 예감하면 큰 행복을 포기할 수도 있는지도 모르겠다고 그때의 저는 써두었습니다.

타인을 향한 기대와 갈등, 그러니까 두 세계가 부딪히는 순간은 저를 발견하게 합니다. 우리가 충돌하는 지점이 나의 경계라는 것을, 동시에 한계라는 점을 느끼게 하고, 내 세계의 관계 맺는 방식을 변하게 만듭니다. 이때 이름 지어진 사건들은, 역사책에서 배우는 사건과 의의처럼 현재를 살아가는 나의 기준이 되어주고, 앞으로 다가오는 것들에 의연하게 맞설 수 있게 해주겠지요.

들어도 못 들은 것과 같은 이야기

나는 답했다.

"어렵다. 괜찮아질 거라 말할 수가 없네요. 얼마나 오랜 시간이 필요할지 모르겠어요. 그래도…."

저는 여전히 이별이나 사랑, 관계를 모르지만, 그런 순간을 한 차례씩 지나올수록 누군가의 인생에 무책임한 위로를 남기는 일도, 당신의 감정을 이해하려고 노력하는 일도 제 몫이 아니라는 생각을 합니다. 어떤 것들은 정말 나아지지 않을지도 모른다는 걸. 아주 오래 지워지지 않는 상처로 남아 유령처럼 당신을 따라다닐지도 모른다는 걸 아니까요.

또 어떤 것들은 위로나 이해가 필요한 게 아니라 말할 수밖에 없어서 말해졌을 뿐이라는 걸. 들어도 못 들은 것과 같은 이야기가 있다는걸.

J로부터

　나도 가끔 '들어도 못 들은 것과 같은 이야기'가 있다고 생각해. 그 사람이 자기 이야기를 하고 싶은 대상은 언제나 자기 자신일 거라고. 나는 단지 거울처럼 앉아서 기다릴 뿐이라고. 다만 그 사람이 용기가 없어 하지 못하는 말들을 종종 대신 해주기 위해서. 그래서 '들어도 못들은 것 같은 이야기'가 있는 거라고, 그렇게.

3부

나에게

끝없는 결말에 대하여

"누군가의 죽음을 보면 인생은 짧고 한 번뿐이란 걸 배우게 되지."

중요한 순간에야 단순해지는 법을 배운다. 원하는 것이 늘 선명하길 바라도, 상황과 감정에 파묻힌 것들을 구분해 내기는 늘 어려웠다. 시간을 끌다가 궁지에 몰린 결정은 얼마나 오래 삶을 유예해 왔나. 나는 얼마나 본디 그래야 할 것보다 더 늦고 말았나.

누군가의 부고를 받으며 타인의 삶과 내 것이 뒤섞여 파도처럼 밀려오는 것을 느낀다. 나의 외로움과 관계의 새로운 국면을, 사랑과 과거의 얼굴을

본다. 시간이 멈춘 죽음의 처소에서 사람들은 만나고, 자신의 일부를 그 곁에 두고 온다. 어떤 결속은 굳건해지고, 새로이 짝지어지고 이별하는 것들 속에서 나는 필요를 발견한다. 죽음의 맨얼굴 앞에서 탄생하는 약속과 지난 시간과의 헤어짐이 우리를 살아가게 하는 게 아닐까. 죽음을 물끄러미 바라보며 내가 삶을 얼마나 사랑해서 그들을 위해 우는지, 그만큼 나를 사랑하지 않았던 순간들이 얼마나 부끄러운지 배운다.

선택의 순간, 절벽 끝에서 나는 결국 뛰어내린다. 원하든 그렇지 않았든, 뒤로는 갈 수 없다. 그렇게 셀 수 없이 많은 절벽과 뛰어내림, 혹은 밀려 떨어짐이 있었다. 겹겹이 쌓인 결정 위에는 변화가 일었는데, 변화를 감싼 것은 대체로 불안이었다. 발밑에서 들썩이는 내일이 두려운 이유는, 그래서 선택을 미루는 버릇은, 나를 이야기 할 언어를 밖에 두면서 생겼다. 자신을 온전히 책임지기 겁이 나서 나

아닌 것에 의존하는 마음이, 타인의 성취와 나의 삶을 비교하게 했다. 보호가 필요한 존재로 살아가기를 택하고 싶은 마음과 다투느라 진이 빠지는 날도 있었다.

굵직한 삶의 퀘스트를 받고도 호들갑 떨지 않는 것처럼 보이려는 나는 사실 다리를 부들부들 떨었다. 머리와 마음, 몸이 따로 제 갈 길을 가고, 나는 자유로운 사람이라고 말하는 머리와 그것을 진심으로 받아들이지 못하는 마음이 다퉈 몸이 아프다. 터질 것 같은 심장으로 떨리는 손을 감추고, 경련이 올 것 같은 입꼬리를 올려 능글맞은 미소를 지었던 순간이 얼마나 많았는지. 그런 약함을 사람들에게 보여줄 수 없어서 뒤돌아 울었던 숱한 날들과 솔직하지 못해서 원하는 것을 선택할 수 없던 날은 또 얼마나.

불안을 이유로 지속해 온 선택과 성취들. 불안을 또 다른 불안으로 해소하는 임시방편의 돌려막기를 언제까지 계속할 수 있을까. 등 떠밀려 한 선택은 늘 가지 않은 길을 떠올리게 한다. 그걸 끊어낼 수도 있을까. 어쩌면 그것 역시 불안의 말로일지도 모르지만. 하지만 나는 역시 내가 쓰는 글들 속 모든 등장인물의 합이다. 이야기 속 모두는 언제나 나를 대변한다. 나인 것과 나 아닌 것의 모습으로. 이야기 속에서 내가 볼 수 있는 것은 주인공의 시선뿐이지만, 타인의 선택이 우리에게 주는 영향을 생각할 수밖에 없는 이유는, 이 삶을 결코 예상대로 살아갈 수 없기 때문이다.

내일을 살고 싶어 하던 사촌의 메마른 얼굴을 떠올리며 나는 죄책감을 느낀다. 스물다섯의 그는 정말로 다시 건강해질 수 있다는 희망을 품었을까. 희망이 그를 무섭게 하진 않았을지 두렵지만 그 희망이 죽음 앞에서도 굳건했기를 바란다. 그것은 어두운 곳에서 스스로 피어나는 것이기 때문이다. 그래서 십 년이 지난 지금도 오늘의 날씨를 만끽하지 않은 죄로 나는 여전히 그에게 빚을 지고 있다.

    영화를 보거나 소설을 읽을 때면 결말을 향해 달려가는 기분이 된다. 과정보다는 결말을 궁금해하면서, 질문보다는 답을 알고 싶어하면서. 삶과 이야기의 다른 점 중 하나는, 삶은 시간이 흐르는 것이 아니라 지금이 영원히 지속하며 무언가를 관계 짓거나 답을 낼 수는 없게 만든다는 것이다. 러닝타임의 끝에 커서를 대고 클릭할 수도, 마지막 페이지를 펼칠 수도 없다. 그 모든 선택으로 벌어질 일들을 결코 한눈에 볼 수는 없는 게 삶이다. 그래서 나는 시작과 끝이 있는 이야기 속에서 안정감을 느끼고, 결말에 도착해 숨을 고른다.

    삶은 동시에 모든 곳에서 펼쳐진다. 이야기는 의식의 흐름대로 등장인물의 위치를 옮겨가며 이야기를 끌고 간다. 삶 역시 한 곳에 묶여있다는 느낌을 받지 않는다. 과거마저 얼마든지 바꿀 수 있다. 내가 오늘 어떤 사람이기를 선택하느냐에 따라 과거는 새로워지고 지금에 영향을 미친다. 끝은 영원히 오지 않는다. 선택이 부른 변화만이 삶을 배울 유일한 방법임을 노래하고 싶다.

---

* 이 글은 시절 출판사 소설집 <송이 송이 따다 드리리>에 수록한 에세이를 수정했다.

사라지는 꿈

"다른 선택을 했더라면 어땠을까."

어떤 생각은 중독성이 강해서 발을 들이면 헤매기 십상이다. 길을 잃고 오랜 시간 과거에 머물게 한다. 다른 길이 있었을지도 모른다는 의심의 시작은 끈적하고, 달콤하고, 끝은 쓰다. 더 나은 과거가 존재한다는 상상은 그것을 갖지 못한 이유를 묻는다. 왜 그랬어? 결국 현재는 내 탓이다.

아니, 덕분인가?

더 잘 할 수 있었던 과거와 바꿀 수도 있었을 미래가 악몽처럼 매일 밤 찾아오고, 내가 잃은 것들이

유령처럼 불쑥불쑥 나를 놀라게 했다. 후회의 대부분은 사람으로부터 왔고, 좋은 방향을 선택하지 못한 나에 대한 실망으로 끝이 났다. 나는 어째서인지 가끔은 과거를 바꿀 수도 있었을 거라고 믿곤 해서, 어찌할 수 없었던 타인의 선택으로 인해 내가 나인 게 싫어지곤 했다. 앞으로 내릴 선택보다는 과거의 선택을 복기하는 데 많은 시간을 썼다. 오늘을 좋아하지 못해서 그랬다. 나를 좋아하지 못해서였다.

과거가 영혼에 새겨진 것처럼 기억이라는 가사를 다 외워 몇 번이고 따라 불렀다. 무언가를 잃기 전의 나를 그리워했던 걸까. 실패를 숨기고 싶었지만 한편으로는 위로받고 싶어서 또 변명하고 싶어서, 절대 잊을 수 없는 것처럼 계속 이야기했다.

어느 겨울, 친구와의 속초 여행에서 돌아오는 길에, 그때 그 사람과 함께 듣던 노래가 있느냐고 물었다. 친구와 나는 술탄 오브 더 디스코의 '사라지는 꿈'을 들으며 터널을 지나고 양양 고속도로의 탁 트인 하늘을 가득 채운 분홍빛 노을을 향해 달렸다. 우리는 앞으로 나아가는 차창에 비친 풍경을 바라보며 지난 시절의 노래를 듣는다. 과거의 노래를 따라 부르며 앞으로 나아가는 행위는 신비로운 일이다. 닿지 못할 기억을 부르면서 새로운 시간을 열고 있으니까.

꿈은 연속성이 없고, 그곳엔 시간이 흐르지 않아서 언제든 어느 장면으로든 갈 수 있다. 다만 드문드문 지난 흔적을 발견하고 잠시 꿈에 멈춰 설 뿐 그 이야기를 이어 꿀 수는 없다. 그 장면을 몇 번이고 되풀이할 뿐.

나는 여전히 과거의 이야기를 오늘의 변명으로 사용하지만, 새로운 풍경 속에서 노래를 부르며 조금씩 앞으로 나아간다. 그 시절을 여전히 사랑하면서도 과거의 나로부터 자유로워지기를 바라며.

어떤 시절은 우리에게 음악을 선물한다. 같은 세대라는 사실만으로 우리는 같은 노래를 따라 부를 수 있고, 비슷한 추억을 공유한다. 어떤 음악은 누군가와의 시간을 되감는다. 친구들과의 여행에서 돌아오는 길, 조수석에 앉아 운전하는 친구가 평소에도 귀가하는 길에 자주 듣는다는 결혼식 축가 곡을 들으며 나도 리스트에 누군가를 떠오르게 하는 노래를 넣었다.

어떤 순간에 들었던 노래인지, 어떤 감정을 느꼈는지, 그때의 나는 삶의 어디쯤을 지나고 있었는지, 그 짧은 시간만큼은 선명하다. 갈 수 없는 기억의 장소로 데려다주는 멜로디. 전주가 흘러나오는 순간 나는 꿈속으로 돌아간다.

연민은 사랑이 될 수 있나

책 <슬픔을 아는 사람>에서 작가는 살아 있는 사람이 해야 할 일의 목록에 '(…) 울음을 참기. 마침내 울음을 터뜨리기.'를 올렸다. 마침내라고 쓰인 문장의 변주에서 작은 웃음을 짓는다. 마침내라니. 탕웨이의 표정과 말투가 생생하다. 단어에 주석이 생기면 그 말엔 이미지가 생긴다. 이런 걸 보면서 혼자 키득거리는 건 별로 좋지 않은 것 같은데. 주석을 너무 많이 가진 사람이 되는 게 가끔은 겁나기도 한다. 혼자서도 재미있는 게 많아지면, 혼자서 충분하다고 여기는 사람이 될까 봐?

살아 있는 사람이 해야 하는 일의 무심함은 가끔 서럽다. 그것은 대부분 혼자를 견디는 일이다. 혼자를 느끼는 일인가. 이런저런 진지한 고민을 하면서도, 빨래하고 밥 먹고 설거지 하고 씻고 잠에 들고. 지나온 시간으로부터 벗어날 방법이 없어 울다가도 무방비하게 오늘의 웃음에 노출되고 희망에 사로잡힌다. 그런 와중에 방바닥의 머리카락을 줍고, 변기를 닦는가 하면, 분리수거를 제때 내놓아야 한다. 대신 해줄 사람을 찾지 않고서야, 집이 어지럽혀지도록 방치할 셈이 아니라면 방바닥에 발 디딜 틈은 있어야, 덮는 이불이 찝찝하지는 않아야 하니까.

울면서도, 미래를 걱정하면서도 자질구레한 일상의 먼지를 닦아내기를 멈출 수 없음이 지칠 때가 있다. 하고 싶은 것을 적기 이전에, 해내야 하는 것의 목록이 이미 너무 빼곡하다. 영화 같은 삶이란 빼곡한 것들을 표백한 장면만 담긴 이야기를 꼬집는 말 같기도 하다. 지독하게 현실적인 영화들을 버텨내기 어려운 이유이기도 할 것이다.

친구는 언젠가 연민하는 상대를 사랑하게 된다고 말했다. 사랑은 연민과 비슷한 데가 있다. 아름답고, 자질구레해서 안쓰럽다. 빛나는 것이 사랑인 줄 알았는데, 알고 보니 그 이름의 그늘 아래 견뎌야 하는 것까지가 사랑이었다는 식이다. 어느 모로든 열심인 사람은 아름답고, 자질구레하다. 물 위에서 우아하게 유영하기 위해 그 아래서 파닥거리는 것을 바라보는 일이 연민이다. 좋은 것을 만들어내기 위해 겪는 어려움을 잘 아는 것이 연민이다. 빛나는 모습만을 보며 사랑을 느끼지 않고, 간절한 발버둥만 보고 연민을 느끼지 않는다. 이야기 속에서 우리가 기대하는 것은, 울음을 터뜨리는, 완전히 전복된 그를 보는 것이다.

나는 가끔 내 삶을 사랑하는 것 같다가도 아마

도 그건 연민이었나 생각한다. '참 모났는데도 짠한 구석이 있다.'라는 걸 잘 알아서 사랑할 수 있게 되는 건지. 그게 빛나는 것 같다가도 그저 안쓰러워 보여 어루만지다가 사랑하게 되는지. 내가 가진 이면을 다 아는 사람이 나뿐이어서 나만큼 나를 미워할 수도, 사랑할 수도 없게 되는지. 연민은 사랑이 될 수 있지만 연민이 사랑은 아닐 것이다. 하지만 연민으로 시작한 사랑은 어떤 것인지, 그것은 강한지, 사랑이 되었다가 다시 연민이 되는 것은 아닌지 궁금하다.

◇

각자의 사정

 다섯 살 어린 사촌 동생이 결혼했고, 친구의 생일 파티에서 또 다른 친구의 임신 소식을 듣고, 생일인 친구와 둘이 열두 시까지 남아 남은 술을 비우고 심야버스를 타고 집에 돌아왔다. 새벽 한 시가 다 되어 집으로 돌아와 세수를 하고 이를 닦은 뒤에 쌓여있는 설거지를 붙잡는다.

 돌아오는 길의 버스에서는 아무 생각 말고 자야겠다, 뭐라도 해야겠다는 강박을 외출복처럼 훌러덩 바로 벗어버리고 무엇이든 내일 하자 되뇌었다. 정말 그럴 수 있을 것 같아 설레기도 했다.

 나는 내 병을 잘 안다. 하루를 허투루 보내고 후

회하고 새벽 내내 패배감에 휩싸여있다가 동이 트면 죄책감을 끌어안고 잠 드는 것. 설명하기 어렵고, 인정받기 어려운 병. 누구에게나 그런 사정쯤은 있고, 다들 각자의 자리에서 어떻게든 살아내고 있다. 나는 그런 식으로 돌아가는 세상을 잘 안다고 생각하고, 그걸 잊지 않기 위해 노력한다. 다들 사정이 있다. 그래서 나를 이해 받고 싶은 마음은 없다. 그리고 그만큼 타인의 삶을 이해하고 인정할 수 있다.

생산적이지 못했다는 불안에 떨지 말고 눈을 콕 감고 잠들자, 맑은 정신에 뭐든 하자. '다 괜찮아.' 나에게 말을 했는데. 물에 불려둔 설거짓감을 보고 나는 '내일의 나를 위해 설거지를 해둬야지. 내일의 내가 기뻐하게.' 생각한다. 좋은 생각 같은데, 그래도 기껏 한 다짐을 흘려보낸다는 게 별로 좋은 생각이 아닌 것도 같다.

숱한 잠 못 드는 밤은, 오늘의 일을 내일로 미루

지 못하겠다고 흐린 정신에도 밤을 지새우던 나는, 분명 내일의 내가 오늘의 나와는 다른 사람이라고 믿는 것 같다. 내일의 나를 기쁘게 해주고 싶다니. 이상한 생각이야. 그러면서도 내일 나의 안위를 생각한다. 그게 마치 친근한 친구나 애인인 것처럼, 뭔가를 해주고 싶은 마음이 된다. 사랑의 권위자 에리히 프롬은 대략 다음과 같이 말했다. "나에게는 식물이 사랑받아야 할 방식대로 식물을 사랑할 능력이 없다. (…) 상대를 통제하려는 욕망을 버릴 수 없다면 내 사랑은 죽음의 키스이다."

사랑이 아주 많은 사람이고 싶다. 그럴 땐 일단 돈이 많은 사람이고 싶어진다. 당신들의 물질적인 문제를 해결, 아니, 물리적이고 즉각적인 기쁨을 주고 싶다. 하지만 나는 금세 깨닫는다. 그게 아무것도 해결하지 못하리라는 것을. 짧은 생각과 실수들, 사랑을 담지 못했던 말과 행동들, 그것들은 오랫동안 천천히 쌓여 돌이킬 수 없는 후회가 된다. 돈은 아무것도 아니다. 사실 그것은 정말 아무것도 아니라고 백 중의 십 정도는 믿게 된 것 같다. 정말 사랑하고 있다면 내가 갖는 것보다는 사랑하는 이를 위해 아무리 써버려도 괜찮은 것이다. 사랑을 주고 싶을 때 당장 돈이 많은 사람이고 싶은 이유는, 만회하고 싶은 마음에 불과한 게 아닌가. (나는 좀 그렇다.) 사랑을 다하지 못했던 나의 과거를. (물론 그것 때문만은 아니다. 줄 수 있음이 얼마나 기쁜지 이미 모두가 알 테니까.)

그러니 사실 나는 나를 사랑해 주고 싶어 하는 게 아닌가. 고작 설거지를 해주고 싶어 하다니. 다정함을 쌓고 싶어 하다니.

나는 사촌 동생이 결혼하고 친구가 임신하거나 생일을 맞이하고 내가 내일의 나를 위해 설거지를 하는 일을 같은 선상에 둘 수 있을 것 같다. 그렇게 벌어지는 일들에는 아무런 우선순위가 없다. 늦은 밤 홀로인 집에 돌아와 설거지를 하는 일이 즐겁기도 하고, 내일의 나를 사랑해 주고 있는 내가 기쁘다. 그 느낌을 파헤칠 순 없어도 같은 이유로 사촌동생의 결혼과, 친구의 임신과 생일을 무척이나 축하하고 그들의 행복을 빈다. 그것이 어떤 사건이든 나의 행복을 작은 것으로 만들지 않는다. 그 반대도 마찬가지다. 자신을 사랑하고, 아껴주려고 노력하며, 타인의 삶과 나의 것을 비교하는 대신, 그들과 나의 모든 순간을 사랑하고 아낀다. 겨우 나를 위한 설거지가 일러준 사실이다.

사실 나는
나를 사랑해 주고 싶어하는 게 아닌가.

자라도 자라지 않는

조지 오웰은 누군가를 묘사하며 "그는 성인이라기보다 방치된 어린아이 같았다. 나는 이런 사람들이 나이보다 훨씬 어려 보이는 경우가 아주 흔한 것은 책임질 일이 없기 때문이라 생각한다."라고 했다.

언젠가 한 시인을 보았는데, 분명 꽤 나이가 있을 텐데 풍기는 분위기가 젊어서 나는 함께 있던 사람에게 장난조로 "저런 사람이면 나이에 상관 없이 만날 수도 있을 것 같다."라고 말했고 그녀는 동의하며 그의 나이를 검색했다. 그는 생각보다 더 나이가 많았다. 나보다 인생을 딱 두 배 더 살았다. 쉰이 넘은 그는 미혼이라고 했는데, 나는 어쩌면 그가 아무래도 결혼을 하지 않아서 구김 없는 천진한 미소를 짓는 게 아닐까 생각했다. (물론 아닐 것이다.)

방치된 어린아이의 모습을 한 성인이 어떤 것인지 잘은 몰라도 조지 오웰의 문장을 읽었을 때 분명 그 시인을 다시 떠올렸다. 그것은 어떤 책임의 문제라기 보다 우리에게 사용하지 않아 생기지 않은 근육이 있듯, 힘주어 본 적 없어 생기지 않은 주름 같은 것이 아닐까. 나에게는 여전히 아이 같이 천진한 부분이 있고, 아이처럼 미성숙한 모습이, 자라지 못하고 방치된 어린 시절이 있다. 상처받지 않기 위해 마음속 깊숙이 밀어 넣은 여린 살이.

*

김세희 단편선 <가만한 날들>에 실린 단편 중에는 다큐멘터리 감독을 목표로 영상 일을 하며 살아가는 남자가 나온다. 그에 대한 소개에는 흥미로운 대목이 있다. 그는 대학교 4학년 때 스님이 되려고 했다. 심지어 애인도 있었는데, 속세의 모든 연을 끊기로 결정한 것이다. 그러나 사회 부채가 있는 사람은 출가를 도피의 수단으로 사용할 수 없기 때문에 그는 반년 동안 노동을 해서 학자금 대출을 청산하고 남은 인연을 정리하고 삭발했다. 하지만 당일 떠나기 직전, 그는 가족과 인사를 나누고 정리된 자신의 방을 돌아보다가 돌연 가지 않기로 마음을 바꾼다.

실제로 무언가를 행동에 옮기지 않아도, 그것을 통해 얻기 바랐던 것을 이미 얻었다면 그는 '이걸로 충분하지 않은가?' 생각한 것이다. 이미 출가를 위해 모든 것을 정리했고, 절로 가거나 가지 않거나 원하는 건 이미 이룬 것 아닌가 하고, 이제는 뜻대로 살 수 있을 것 같았다고 말한다.

짊어진 것들로부터 벗어나고 싶은 욕망은 어디에서 오는 걸까. 자기 자신으로부터 방치된 스스로를 마주한 순간, 혹은 무게를 원하지 않는 천진함으로부터? 모든 것을 내려놓았다고 믿으며, 자유로워졌다는 생각은 진짜일까. 애매하게 차 있는 욕망은 그것을 비워야 할지 채워야 할지 그 방향을 헷갈리게 한다. 욕망은 끝내 가득 채울 수는 없을 것이다. 비우는 일 역시 끝은 없겠지만 그 무게에 짓눌리지 않을 수는 있겠지.

*

샤를 보들레르는 "늘 여기가 아닌 곳에서는 잘 살 것 같은 느낌이다."라고 썼다.

무언가를 늘 쫓고 있는 것 같지만, 아무래도 어디에도 닿을 수는 없을 것 같다. 자라도 자라도 다 자랄 수는 없을 것이고, 비워도 비워도 다 비워지진 않을 것이다. 아무리 쫓아도 그곳에 도착할 수는 없을 것이다. 책임져야 한다는 부담도, 책임지고 싶지 않다는 마음도 아무리 쫓아도 원하는 대로 되지는 않을 것 같다. 나는 어디에도 결국 도착할 수 없는 삶이 나쁘지 않다. 정말 도착할 수 있다고 믿는 것이 짐이 될 것 같기 때문이다. 영화를 많이 봐서, 책을 많이 읽어서, 여행을 많이 다녀서, 야구를 많이 보고, 운동을 열심히 해서 그 결과 무언가가 되어야 한다면 그 모든 일이 부담이 될 테니까. 자라도 영영 다 자라지 않는 사람으로 살고 싶기도 하다.

자라도 영영 다 자라지 않는 사람으로
살고 싶기도 하다.

◇

나를 궁금해하는 사람

 결국 나는 그런 생각을 했다. 나를 궁금해하는 사람은 누구일까. 내가 어떤 사람인지, 그것도 중요야 하겠지만, 내가 어떻게 지내는지, 때마다 어떤 생각과 마음인지 알고 싶어하는 사람. 그래서 이 삶에 안부 묻고 걱정하는 사람. 요즘 어떻게 지내는지, 그것이 너의 마음에는 어떤 영향을 끼치는지. 나는 그런 걸 항상 궁금해했다.

 오래 운영해 온 글쓰기 모임에서 각자 친구의 정의가 무엇이냐는 질문을 받고 응어리진 것들을 풀어본다. 나를 기쁘게 하는 것이 친구의 정의가 될 것이다. 사실 계속 생각하고 있었다. 어느날은 그것이 기껍고 감사하다가도, 어느날은 그것의 무심함에 온 몸이 무거워졌기 때문이다. 다신 없을 소중한 인생의 선물 같다가, 상처로 얼룩진 자국 같은 것이다.

작은 오해라도 우리 둘 사이에 비집고 자라나면 뿌리를 뽑고 싶고, 잘 지내는지 자꾸 묻고 싶어지는 것이 친구라고 부르고 싶은 마음이 아닐까.

그게 무엇이든, '함께 그럴 마음이 있느냐'가 관계를 존재하게 하고, 상대방의 삶을 걱정하는 마음이 관계를 유지하게 한다. 함께 할 마음이 없다면 그 어떤 오해도 풀 이유가 없고, 걱정하지 않는 마음으로는 함께 하는 내일로 넘어갈 수 없다는 것이 결론이다. 그 사실이 선명해지며 마침내 나는 더 이상 혼자 궁금해하는 일을 기꺼이 할 수는 없게 된 게 아닐까. 일방향의 질문은 사람을 외롭게 한다.

그날은 결국 친구들과 척을 진 사람들의 이야기를 많이 들었다. 견디기 힘들어서 더 이상 안 보기를 택했는데, 후련할 줄 알았던 마음이 그렇지 못했다는 것이나, 더 이상 못 보게 된 친구가 자꾸 꿈에 나왔다는 이야기, 카카오톡 친구 목록에 스무 명 남짓만 있다는 사람까지. 나는 슬픔의 바깥에 앉아 그것은 누구의 것인지 생각한다. 슬픔은 질문을 받아 말할 차례가 된 사람에게 속할 것이다.

슬픔은
질문을 받아 말할 차례가 된 사람에게
속할 것이다.

비밀로 할 것

늘 새기려는 말이 있다. "마음은 언제든지 바뀔 수 있는 거니까. 누군가를 '싫어한다'는 말은 사람들에게 하지 말렴. 그 사람은 네 마음이 바뀌어도 그때 들은 말을 기억할 테니까." 성격은 안 변하는지 몰라도, 어떤 대상에 대한 태도는 바뀔 수 있다. 의외의 면을 발견하기도 하고, 오해가 있었다는 걸 깨닫기도 하며 나의 편견을 깨고 시선을 달리 한다. 책잡히지 않기 위해 말조심하라는 뜻으로 받아들일 수도 있지만, 무언가를 평가하고 판단하는 일은 언제나 섣부르니 지금의 마음으로 누군가를 쉽게 평가하지 말라는 이야기를 나는 좋아한다.

'싫음'이 가진 부정적인 태도를 타인에게 쉽게 드러내는 것은 우리를 옥죈다. 말로 꺼내 돌이킬 수 없게 되면 진실과는 관계없이 부정 편향이 강해질 것이고, 더욱이 시간이 흐른 뒤에 나의 마음이 바뀌었음을 말할 기회는 오지 않을 테니까. 지금의 기분 나쁨을 표현하지 않고는 못 배기는 것이라면 미성숙함이라고 말할 수밖에 없으니까. 한 번 꺼내진 말은 사라지지 않고 이 세계에 남아 꼬리를 물고 나를 따라다닌다. 누군가에게서 잊히지 않기 때문이다.

아주 오래도록 비밀로 할 것을 생각한다. 말하지 않을 수록 좋은 것들. 말해지지 않아야 지킬 수 있는 것. 그건 아마 마음이겠지. 지식은 변덕스럽지 않아서 말해질 수록 배울 수 있게 되지만, 감정은 변덕스러워서 조심히 다루어야 건강하게 지켜지는 게 아닐까.

사랑은 어디에 있을까

감정은 어디에 있을까. 어깨에? 무릎에? 엉덩이에? 왜 감정을 느끼는 것만으로 몸이 피곤해질까.

사랑을 반복해서 이야기하는 책을 읽다가 왜 이별 후엔 사랑의 흔적을 지워야 하는지 어렴풋이 알았어. 사랑과 사람에 미련을 남기고 흔적을 수없이 되새기다 보면 그 사랑은 완전히 새로운 것이 돼. 누군가에 의해 쓰인 역사처럼, 새로 쓰인 사랑이 되는 거야. 나는 그걸 몰라서, 그땐 알 수도 없었고 안다고 해서 달라질 수 있는 것도 아니었지만, 몇 번이고 지난 시간을 곱씹다가 전혀 다른 사랑에 빠졌어. 사랑에 깊게 감겨있던 시간을 사랑해. 관계가 끝난 후에도 사랑했던 순간의 감정에 집중하게 되면, 그것은 오늘의 나를 비추고 담아 전혀 다른 기억이 돼.

조각조각 남은 흔적은 관계가 끝난 후에 전부 분해되고 새로운 고리로 엮여. 돌이킬 수 없다면, 그 순간부터 아무것도 왜곡되지 않도록 지워둬야 하는 것들이 있는 거야. 남겨두면 생각할 때마다 달라질 테니까. 물론 나는 앞으로도 종종 만약에, 라는 환상이나 기억을 곱씹는 행위를 영화 보듯 반복하겠지. 그래야 하는 것과 그럴 수 없는 것은 동전의 양면이거나, 모순됐거나, 내내 이고 갈 순 있지만 뒤돌아 잡을 순 없는 것처럼.

지난 사랑에 대한 단상

 떠난 자리에 마음이 남아 궁한 이유는 어쩌면 내가 당신을 온전히 갖지 못했기 때문이 아니라, 그 관계 속에서 내가 나를 너무 아꼈기 때문은 아닐까. 그 기회가, 마음을 다 줄 기회가 언제까지고 있을 거라 믿어서 말이야.

 나는 언제나 고치고 싶어 하는 편이었던 것 같아. 망가진 관계나 지나간 사람에게 구구절절 하고 싶은 말이 많았어. 바로 잡기도 하고 그냥 잊고 지나가기도 했지만 여전히, 마음을 아껴서 그런 거라고 생각해. 왜냐면 나는 오늘도 앉아서 무기력하게 놓쳐버린 친구를 떠올렸거든. 주지 못한 마음이 남아서, 이제 어디에도 쓰지 못할 말들만 남아서. 늘 나아지고 있다고 믿는데, 좋은 사람들 곁에서 좋은 걸 배우고 있다고 느끼는 데도 마음을 주는 일은 잘 늘지 않네.

믿지 않은 것

 믿지 않던 것들을 믿게 되는 순간이 있어. 아무래도 그들이 변치 않을 때 말이야. 그것들은 평소엔 보이지 않다가 모든 것이 사라지고 나서야 서서히 보여. 꼭 어둠 속의 어둠이나, 빛 속의 빛처럼. 모든 게 반전된 뒤에야 눈에 띄는 거야.

 오랫동안 믿지 않던 관계가 있어. 의무적이고 헐거운 만남 같았거든. 이 관계는 시간에 희미해질 거라고, 연락이 뜸해지다가 금세 닳고 닳아 망가질 거라고. 언젠가부터는 많은 관계가 실제로 그래 보였어. 사람들은 헤어지고 금세 다른 만남을 하고, 상대를 믿고 또 마음은 식고. 많은 것들이 무너지고 새로 세워지는 중에 아무것도 없는 자리에 그 헐거운 것들이 먼지 쌓인 채로도 그대로 남아있더라. 아무렇지 않은 얼굴을 하고 말이야. 의무적이고 헐거운 게 나쁘냐는 투로 나한테 그러는 거야.

나는 그제야 생각해. 미리 뭔가 어떻게 될 거다, 일어나지 않은 미래를 어떻게 해야겠다 생각하는 일이 지워버린 가능성 같은걸. 놓치면 어쩔 뻔했어. 잃은 줄도 모르고 영영 그렇게 살았겠지 싶은 순간에 가슴을 쓸어내려.

시간이 돌돌 말린 필름을 맡기고 부쩍 추워진 밤을 걸어. 곧 모든 숫자가 다시 처음으로 돌아갈 거야. 조그만 통 안엔 나의 찐득한 여름과 덜 익은 겨울이 담겨 있어. 장난감 같은 일회용, 다회용 필름 카메라를 들고 다니며 찍는 거라곤 누군가의 얼굴뿐이야. 이 오래된 도구는 사람들의 마음을 쉽게 열어. 네모난 시간 안에 정확히 뭐가 들었는지는 기억이 나지 않아. 반년 동안 80장을 채우는 게 생각보다 쉽지 않았거든. 주머니에 손을 넣으면 바로 잡히는 전화기에 좋은 카메라가 달려 있어. 번거로운 필름 카메라는 가방 구석에 박혀서 빛을 볼 날이 별로 없지. 게다가 이걸로 사진을 찍고 싶다고 말하는 데에는 아직 덜 지은 관계만큼의 용기가 필요했어.

그대로 기억 속에만 남은 멋쩍은 얼굴과 여전히 생생한 오늘의 모습을 몇 번이고 들여다봐. 이제는 연락할 수 없는 이름 없는, 이제야 연락할 수 있는 누구누구, 얼굴을 맞댄 지 하루가 채 지나지 않은 당신까지. 딱 반년만큼 내가 가졌던 것과 지금 나에게 남은 걸 헤아려. 다행히도 계절은 바뀌고 나는 다시 멋쩍게 셔터를 눌러. 사라진 것 너머에도 마음이 그치지 않도록.

믿지 않던 것들을 믿게 되는 순간이 있어.

더 나은 사랑

 나는 누군가에게 더 나은 사람이 되겠다고 말했어. 언젠가 우리가 더 나아지고 다시 볼 수 있으면 좋겠다고 말이야. 그 시절의 나는 누군가의 손을 잡을 여유도 능력도 없는 사람이었는데, 다 놓치는 게 두려워서 꼭 붙들고도 내 걱정에 사로잡혀 있었거든. 나는 이제 그래. 오늘 내가 잃은 것, 하지 못한 것보다 오늘은 우리가 사랑하지 못했더라도, 내일이어도, 그다음 날이어도 괜찮으니까 당신을 그리고 나 자신을 오래오래 사랑할 수 있으면 좋겠다고.

 내 곁의 당신을 위해 더 나은 사람이 되고 싶어. 무엇이든 해주고 싶은 마음보다 당신을 위해서 좋은 사람이고 싶어지는 마음이 내가 가진 가장 큰 사랑하는 마음 같아.

J로부터

　루치아노 파바로티 영화를 보면 파바로티가 죽음을 앞두고 연인에게 이런 말을 해. 자기를 오래오래 사랑해줬으면 좋겠다고. 오늘 자길 사랑하지 못했으면 내일이어도 괜찮으니까.

과거라는 집

저는 과거라는 집을 짓습니다. 이야기로 겹겹이 쌓은 종이 더미를 안고 살아가죠. 그 안에는 과거라고 할 만한 것들이 있습니다. 기억하고 싶지 않은 것과 기억하고 싶은 것이, 솔직하게, 또 솔직하지 않게 쓰여 있어요. 이 집을 짓게 된 계기는 그다지 건강하지 않았습니다. 첫 시작은 비록 무구했을지라도 말이에요. 그렇습니다. 기록을 이용하기 시작했습니다. 저는 저를 구원하기 위해 글을 썼어요. 저에게 필요한 것을 쓰고, 그 이야기를 통해 날카로운 가시밭길을 빠져나올 수 있기를 바랐기에, 이랬다저랬다 하던 모순된 마음이 그대로 담겨 있기도 합니다.

기억은 공간이 됩니다. 그곳은 아늑하기도 하고, 문을 열고 들어가면 그 달콤쌉쓸한 기억이 저를 가르치고, 위로하고, 경각심을 주죠. 그리고 살아가는 즐거움을 다시 일러줍니다. 무너질 것 같던 순간은 늘 찾아왔고, 그 시간이 지나갔다는 분명한 증거와 감정의 기록이 있는 곳에 저는 언제나 돌아갈 수 있어요.

쓰고 싶은 마음은 아무래도 기쁨 위에 뿌리내리는 것은 아닌 것 같습니다. 많은 것을 대변하는, 기쁨이란 강렬하지만 쉽게 변하는 연약한 것, 그래서 지킬 가치가 있고, 또다시 많은 것을 대변하는, 슬픔이란 안개처럼 고요하고 짙어, 오래도록 방치하면 걷어내기 힘들지만, 옅게 유지하면 우리를 껴안아줍니다. 슬픔을 기록하는 일은 저를 유연하고 견고하게 합니다. 그 기록이 내가 조금 더 건강해졌음을, 그날들로부터 걸어 나오는 동안 어떤 사랑과 온기를 만났는지 기억하게 하니까요.

사실 저는 요즘 스스로가 달라졌음을 느낍니다. 이상하게도 희망차고, 건강합니다. 늘 필요하다고 여겼던 규칙적인 삶을 이뤄내지 못했는데도, 밤이 되면 새로운 내일을 기대할 힘이 생깁니다. 세상엔 좋은 것이 너무 많습니다. 온갖 아름다운 것, 재미있고 신기한 것, 알고 싶은 것, 더 강해지고 싶고, 누군가를 돕고 싶은 마음, 무엇보다 오늘의 날씨가요. 그런 것들이 무척 기대됩니다.

오래전 제가 쓴 글을 읽는 날들입니다. 이 책에는 4년 전에 쓴 글부터 최근에 쓴 글까지 두서없이 섞여 있습니다. 그것들은 서로 다르고 서로를 틀리게도 하지만, 저는 모든 날의 저를 이해합니다. 오래 지난 시간을 사랑할 수 있음이 기쁩니다.

우리에게 각자의 기억의 방이 있으면 좋겠습니다. 오늘을 살아가게 하고, 내일을 기대하게 하는 과거의 집이요.

슬픔을 기록하는 일은
저를 유연하고 견고하게 합니다.

이 두려운 삶을 즐겁게 살아내기를.

사랑과
두려움에
대하여

Copyright ⓒ 2024 송재은

글

송재은

초판 1쇄 펴냄 **2025년 1월 27일**

편집과 디자인 **송재은**

펴낸곳 **임시보관소**
이메일 **project_imsi@naver.com**
인스타그램 **@project_imsi**
출판 등록 **2024년 1월 22일 제25100-2024-010호**

ISBN **979-11-986424-2-4(03810)**

* 이 책의 내용의 전부 또는 일부를 재사용 하려면
펴낸 곳을 통한 저작자의 동의를 받아야 합니다.